DIE KUNST DES SCHNITZENS

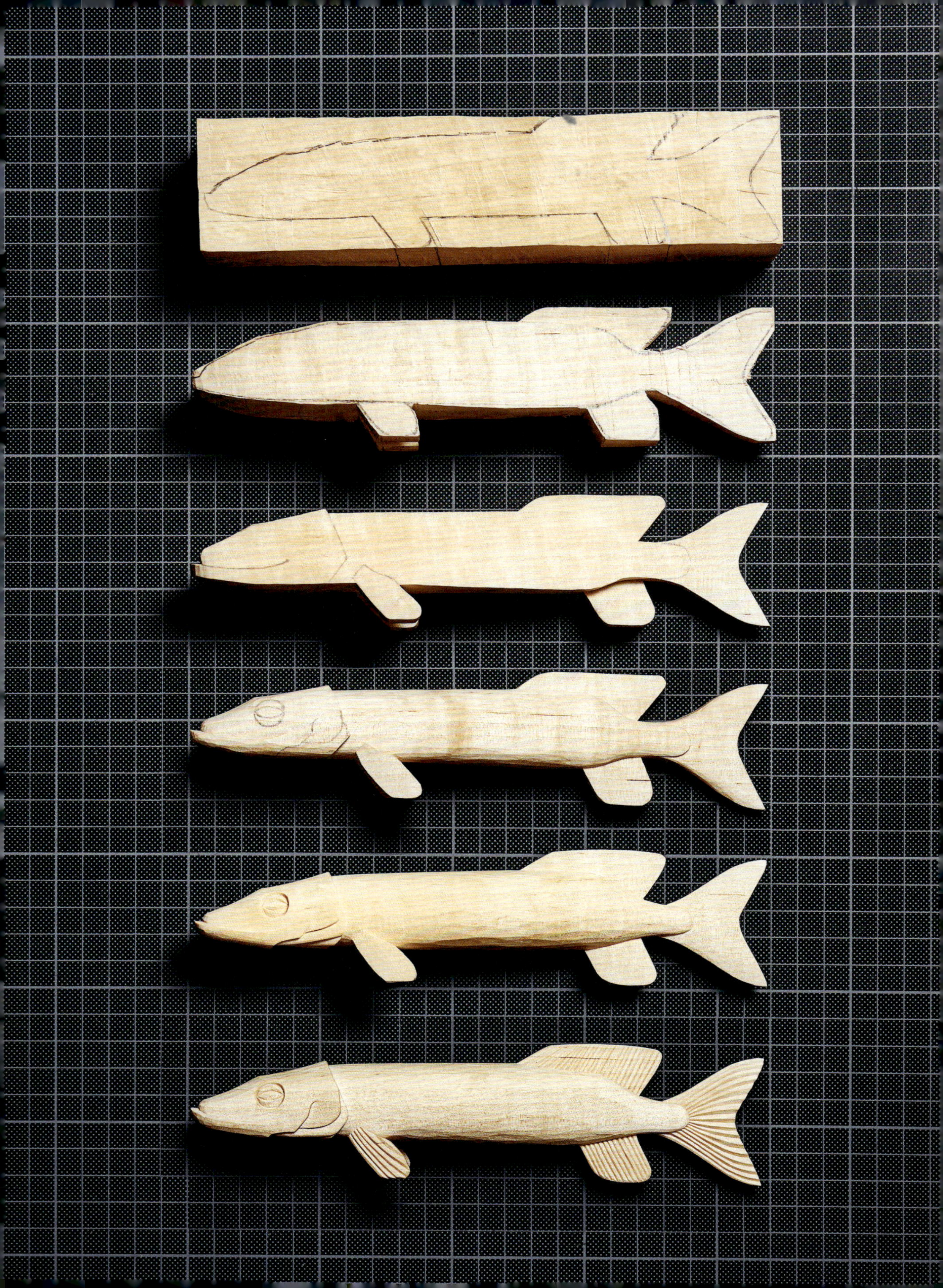

DIE KUNST DES SCHNITZENS

Schritt für Schritt das traditionelle schwedische Handwerk erlernen

Von Hannes Dahlrot und Henrik Francke

mit Fotografien von Miki Anagrius

TEIL 1 X TECHNIK

TEIL 2 X PROJEKTE

VORWORT

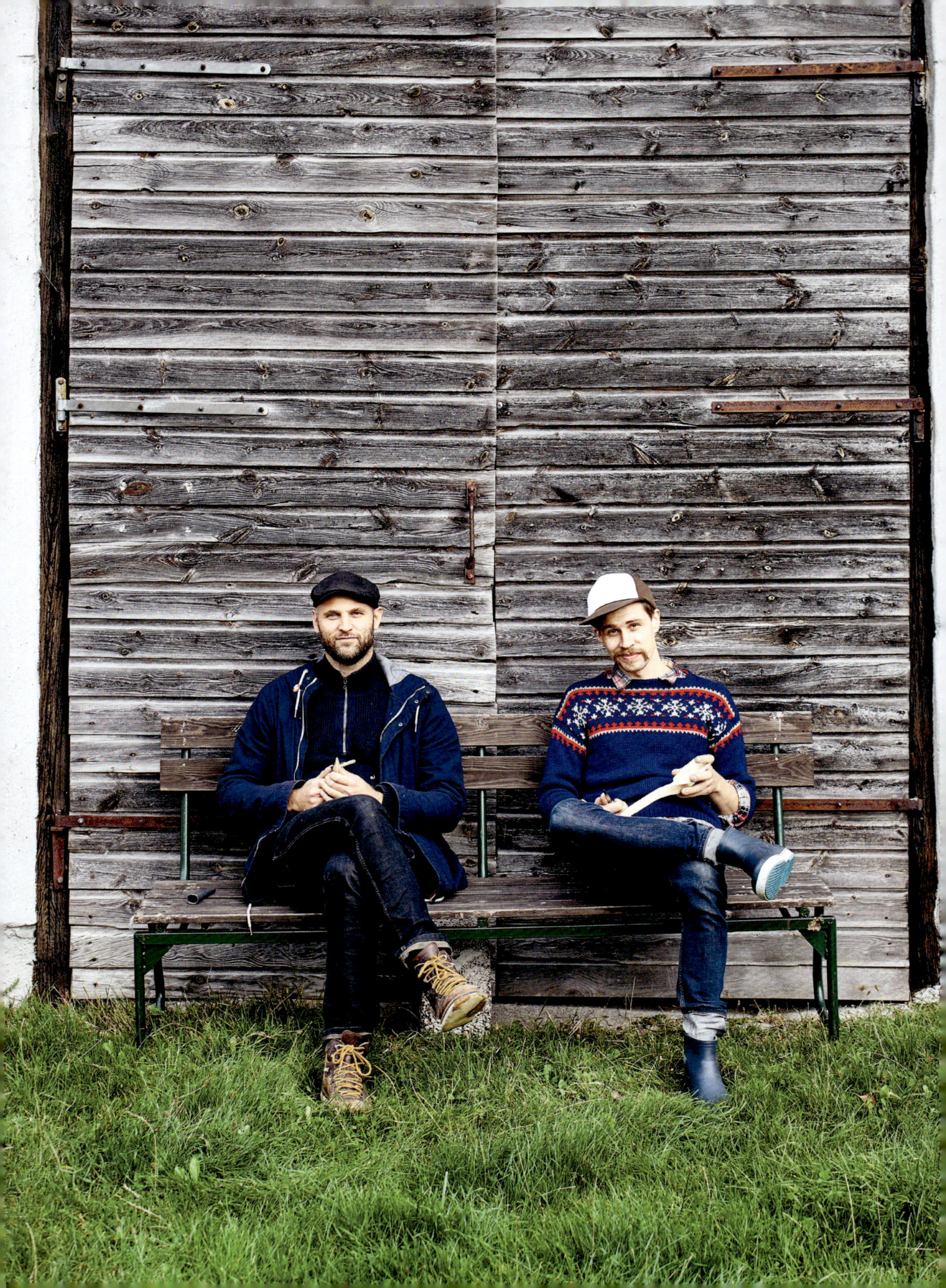

Ein scharfes Messer und ein Stück Holz ...

... ist alles, was man zum Schnitzen braucht. Außerdem eine Säge, einen Hackklotz, ein Beil und ein Schälmesser, dann setzen nur noch die Fantasie und das Geschick Grenzen. In einem Holzstück stecken unendlich viele mögliche Objekte – man muss lediglich das entfernen, was nicht dazugehört.

Das Schnitzen öffnet einen einfachen Zugang zur Welt des Handwerks. Es vermittelt außerdem Verständnis für Holz, für die unterschiedlichen Eigenschaften von frischem und trockenem sowie der verschiedenen Holzarten und lehrt die Berücksichtigung der Faserrichtung. Kein Holz gleicht einem anderen. Jedes Schnitzprojekt beginnt mit der Idee, was aus genau diesem Stück werden kann – ist es krumm, verdreht und knorrig oder gerade, weich und harmlos?

Die Arbeit mit den Händen scheint in unserem Alltag immer überflüssiger zu werden. Aber es fühlt sich fantastisch an, mit dem Messer etwas zu erschaffen, was das Gehirn entworfen hat. Schnitzen kann zur Sucht werden, allerdings ausschließlich mit positiven Konsequenzen (vielleicht abgesehen von einem verletzten Daumen, wenn man Pech hat).

Die meisten Schweden haben sich wahrscheinlich irgendwann einmal in ihrer Kindheit an einem kleinen Projekt wie einem Buttermesser versucht. Aber auch wenn der Werkunterricht schon lange zurückliegt, gibt es immer gute Gründe, sich mit einem Messer hinzusetzen. Wenn man anfängt zu schnitzen, taucht man sofort in das dreidimensionale Reich der Formgebung ein. Auf Papier zu zeichnen ist eine Sache, doch die zusätzliche Dimension macht das Schnitzen zu einer spannenden, skulpturalen Herausforderung. Augen und Hände werden darin geschult, symmetrische und harmonische Figuren zu erschaffen – aus einem haltbaren Material, das außerdem hübsch altert.

→→

Die sehr abwechslungsreichen Projekte im Buch stehen für unterschiedliche Schnitzerlebnisse. Das Aushöhlen der Astdose ist in seiner repetitiven Einfachheit wunderschön meditativ. Hingegen verlangt das Anbringen des Gefäßbodens mehr Sorgfalt und Geduld. Die weichen Konturen der Schöpfkelle entstehen aus einem eckigen Rohling und werden zu einer simplen, aber sehr schönen Verbindung von Form und Funktion. Zu lernen, wie man Knöpfe und Griffe schnitzt, fühlt sich gut an – plötzlich kann man Dinge reparieren, die man sonst vielleicht weggeworfen hätte.

Neben einer Ladung Holzwissen und einem Lehrgang in Messer- und Beilhandhabung enthält das Buch rund dreißig Projekte, angefangen bei klassischen Schnitzereien wie Küchenutensilien, Schöpfkellen, Kaffeelöffeln und Haken bis hin zu Barkeeper-Sets, Bartkämmen, Maracas und Essstäbchen. Das Buch entstand in der Zusammenarbeit von Hannes und Henrik – Ersterer ein ausgebildeter und erfahrener Möbeltischler, Bildhauer und Holzhandwerker, Letzterer ein Wortschöpfer und enthusiastischer Schnitzneuling. Dieses Zusammentreffen hat hoffentlich zu einem pädagogischen und inspirierenden Ratgeber geführt.

Mit ein paar wenigen Ausnahmen hat Hannes alle im Buch abgebildeten Schnitzereien angefertigt. In Wahrheit ist das Endergebnis nicht das Wichtigste – das erkennt man, wenn man eine Weile geschnitzt hat. Die eigentliche Belohnung ist die Holzspäne, die auf den Boden segeln, der Duft und die Farbnuancen des Holzes.

VIEL SPASS!

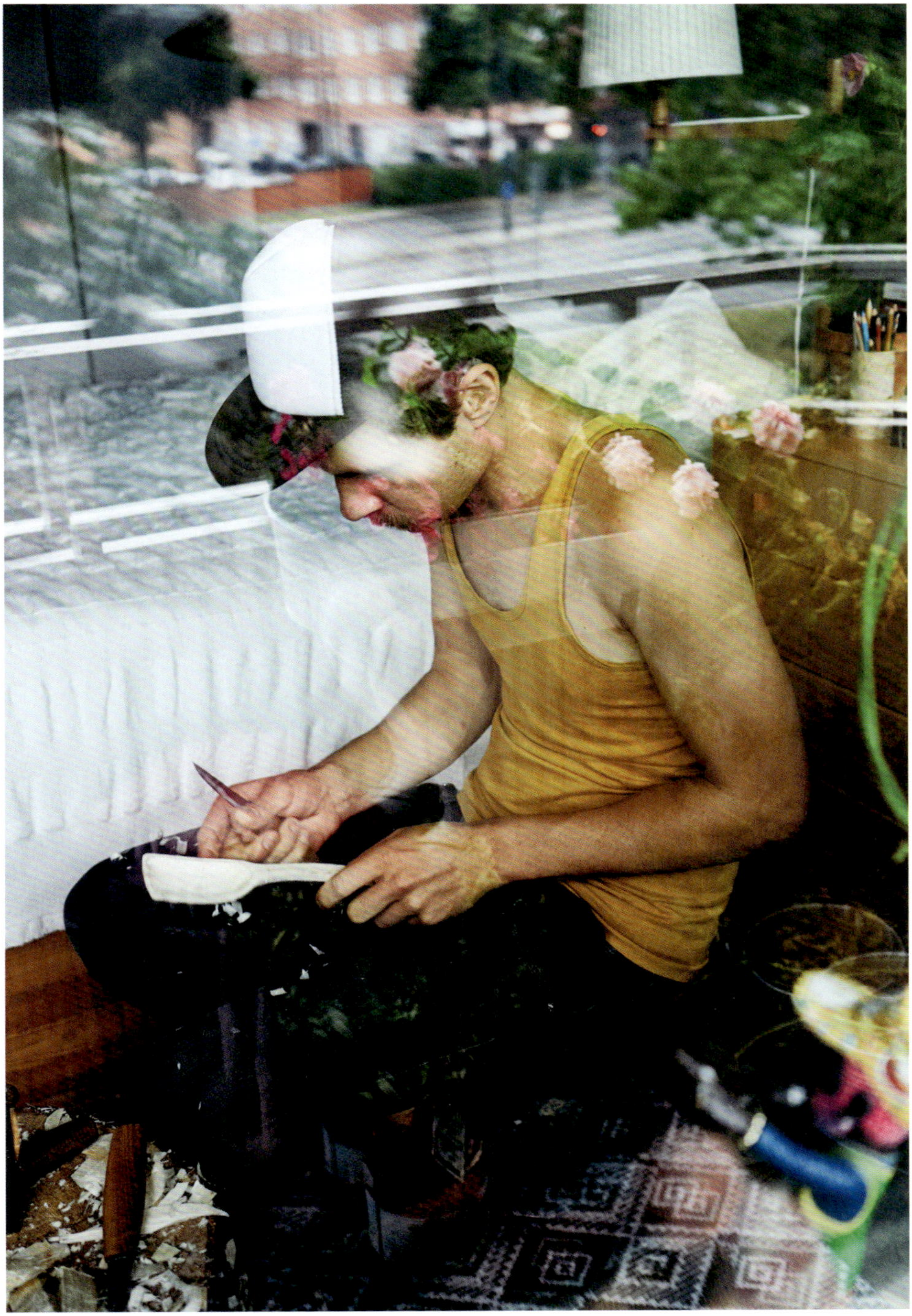

TEIL 1 X TECHNIK

SCHNITZHOLZ

Grünholz und trockenes Holz > Alle Holzarten haben unterschiedliche Eigenschaften. Doch für das Schnitzen ist es noch viel wichtiger, wie frisch das Holz ist, also wann der Baum gefällt oder der Ast von einem lebenden Baum abgesägt wurde. Grünholz, wie es auch genannt wird, ist viel weicher als getrocknetes Holz. Man kann es mit dem Beil leichter formen und ein Messer gleitet ebenfalls ohne größere Anstrengung hindurch.

Wie lange ein Holzstück zum Trocknen braucht, hängt von seiner Größe und Dicke sowie von der Aufbewahrung ab. Wenn du einen frischen Ast oder Stamm bekommen hast, dann lagere ihn am besten draußen im Schatten oder in einem kühlen Raum. So trocknet er langsamer als im Haus und du hast mehr Zeit, um ihn zu bearbeiten.

Sobald du mit dem Schnitzen anfängst und die Rinde entfernt hast, verliert das Holz schnell an Feuchtigkeit. Deshalb ist es gut, wenn man die Grundform fertiggestellt hat, solange das Holz noch frisch ist. Ein grob geschnitzter Schöpflöffel sollte nach einer Woche im Haus trocken sein. Wenn du beim Schnitzen eine Pause einlegen möchtest, könnest du das Schnitzstück in den Kühlschrank oder ins Freie legen. Bei manchen Projekten, wie zum Beispiel bei der Anfertigung von Astdosen, ist es entscheidend, mit der Bearbeitung fertig zu sein, bevor das Holz trocken ist, weil sich die Konstruktion das Schrumpfen – wenn die Feuchtigkeit aus dem Holz schwindet – zunutze macht. Du kannst den Kloben in ein feuchtes Handtuch wickeln, ihn in eine Plastiktüte geben und in den Kühlschrank legen, damit er etwas länger frisch bleibt – aber das verzögert den Vorgang nur kurz, nicht wochenlang.

Die beste Oberfläche mit schönem Glanz und scharfen Schnitten erhältst du, wenn du den frischen Rohling nach Fertigstellung der Grundform trocknen lässt. Feuchtes Holz bringt man nicht zum Glänzen.

Die beim Trocknen auftretende Schrumpfung kann zu Problemen führen, da Holz bei diesem Prozess zum Reißen neigt. Daher solltest du den Rohling etwas länger halten, als er für dein fertiges Projekt vorgesehen ist. So hast du den Spielraum, um die entstandenen Risse an den Enden des Rohlings weg zu kürzen.

Das Reißen beim Trocknen kannst du mindern, indem du den Prozess künstlich verlangsamst. Dies gelingt etwa, indem du den Rohling, wie wir es bereits erwähnten, in ein Handtuch einwickelst und in eine Schublade steckst. Nachfolgend noch ein paar Faustregeln. Je größer das Holzstück zu Anfang ist, umso höher ist die Wahrscheinlichkeit, dass es frei von Rissen bleibt. Denn dann kann man das Kernholz in der Mitte, wo die meisten Risse entstehen, vermeiden. Je dünner und astfreier dein fertiger Rohling ist und je kleiner die Oberfläche des Hirnholzes, desto geringer ist die Wahrscheinlichkeit, dass er beim Trocknen reißt. Du kannst das Hirnholz mit Leim oder gekochten Kartoffeln verschließen, aber das ist klebrig und muss weggeschnitten werden. Und wenn man irgendwo Risse ahnt, entstehen sie in der Regel auch – egal wie vorsichtig man beim Trocknen ist.

Grünholzschnitzen geht leicht. Aber mit einem scharfen Messer kann man auch trockenes Holz gut bearbeiten. Wir behaupten, dass Schnitzen mit einem scharfen Messer immer Spaß macht – ob man Holz aus dem Wald oder einem Holzscheit gestaltet.

Trockenes Holz ist für die meisten von uns (die keine Waldbesitzer sind) deutlich leichter erhältlich als Grünholz. Man kann Holz im Baumarkt kaufen, in Hobbyläden und als Brennholz an Tankstellen. Aber selbst, wenn Sie in der Stadt wohnen, geben Sie die Hoffnung auf Grünholz nicht auf. Es gilt, die Augen offen zu halten (und eine kleine Klappsäge mitzunehmen). Wir empfehlen einen Spaziergang im Park nach einem Sturm. Städtische Schnitzer passen immer besonders auf, wenn sie an Friedhöfen, Schrebergärten, Parks, Villengärten und anderen Orten vorbeikommen, wo man davon ausgehen kann, dass immer wieder Büsche beschnitten und Bäume gefällt werden müssen. Wenn man erklärt, dass man auf der Suche nach Schnitzholz ist, verschenken Baumpfleger und Gärtner meist gern einen Ast oder ein Stück Holz für die Kunst.

Viele Holzwerker schätzen gekrümmte Rohlinge, zum Beispiel zum Schnitzen von Schöpfkellen. Da aber die meisten von uns keinen eigenen Wald haben, um darin nach dem perfekt gebogenen Holzstück zu suchen, basieren die Projekte in diesem Buch hauptsächlich auf geradem Holz, das viel einfacher zu beschaffen ist.

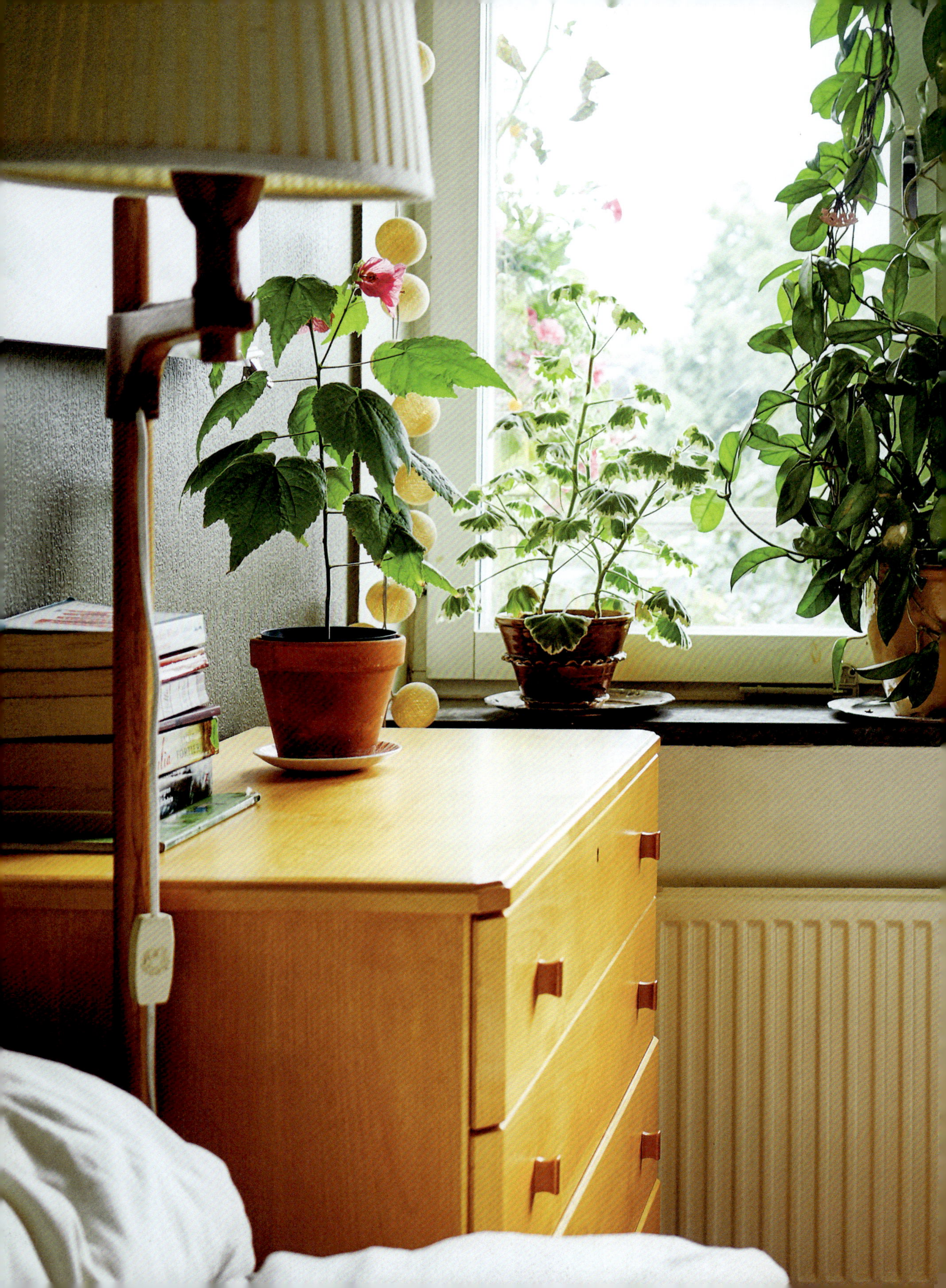

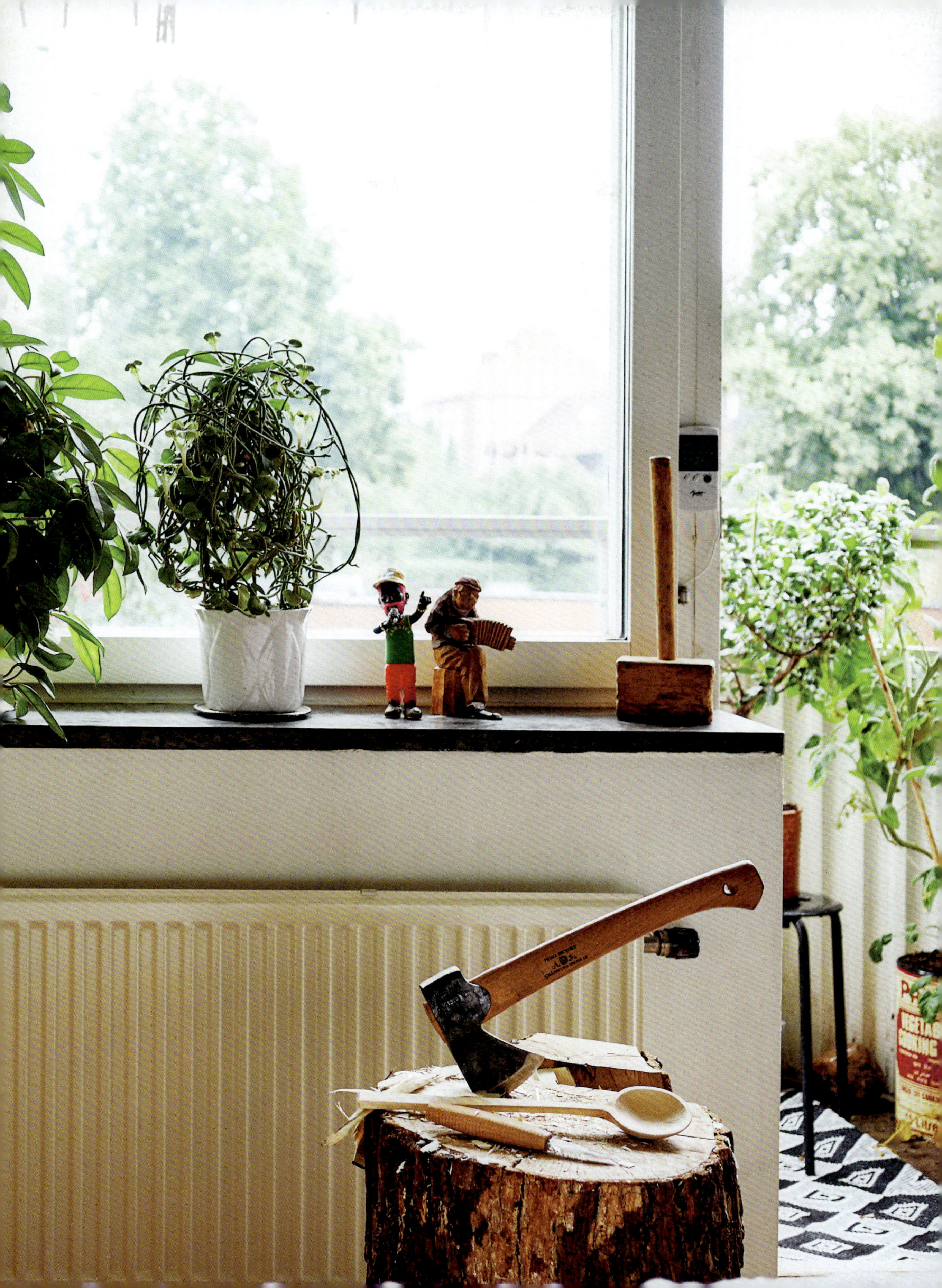

Stahl

Schnitzmesser > Das Wichtigste überhaupt an einem Messer ist die Schärfe. Schnitzen mit einer stumpfen Klinge ist, als würde man beim Skifahren festgehalten werden. Der Spaß an einer Tätigkeit geht verloren, die reines Vergnügen sein sollte. Sorge also dafür, dass dein Werkzeug immer gut geschärft ist.

Ein hübsches, handgeschmiedetes Messer ist toll, aber nicht notwendig. Für unter zwanzig Euro bekommt man ein funktionales, industriell hergestelltes Schnitzmesser. Ein passendes Werkzeug hat eine relativ kurze und nicht sonderlich breite Klinge. Manche Messer haben dort, wo die Klinge beginnt, eine Parierstange. Dadurch ist es beim Schnitzen schwerfällig und schützt außerdem nur dann, wenn man mit dem Messer hackt (was man beim Schnitzen nicht tut).

TIPPS!

Baumrinde kann Sand und Schmutz enthalten, der die Schneide schnell stumpf macht und sie beschädigt. Wenn du ein stumpfes Messer hast, das ohnehin geschärft werden muss, oder ein Messer, das du nicht schonen willst, kannst du es zum Entfernen der Rinde nutzen, statt deinen frisch geschärften Stahl zu opfern.

Schütze die Klinge mit einer Messerscheide und achte darauf, dass dein Schnitzwerkzeug nicht in einer vollen Küchenschublade liegt. Es ist auch nicht ratsam, mit dem scharfen Messer etwas zu brechen, da die Schneide beschädigt werden kann.

Manche Schnitzmesser sind vorne runder, andere spitzer. Eine Spitze kann abbrechen, aber mit ihr kommt man auch an knifflige Stellen. Eine breite Klinge funktioniert schlechter als eine schmale, wenn man etwas aushöhlt, zum Beispiel Astdosen.

Wenn du nur ein Messer haben willst, dann eignet sich eine Klingenlänge von fünf Zentimetern. Für kleinere Hände oder Kinder gibt es extra Schnitzmesser.

MESSER & BEIL

1. *Kopf* *2.* *Schneidkante (Schneide)*
3. *Schleiffase* *4.* *Ferse* *5.* *Blatt (Wange)*
6. *Auge* *7.* *Nacken* *8.* *Ohr* *9.* *Schaft*
10. *Spitze* *11.* *Schneidkante (Schneide)*
12. *Schleiffase* *13.* *Erl* *14.* *Griff* *15.* *Rücken*
16. *Klingenlänge* *17.* *Löffel- oder Schälmesser*

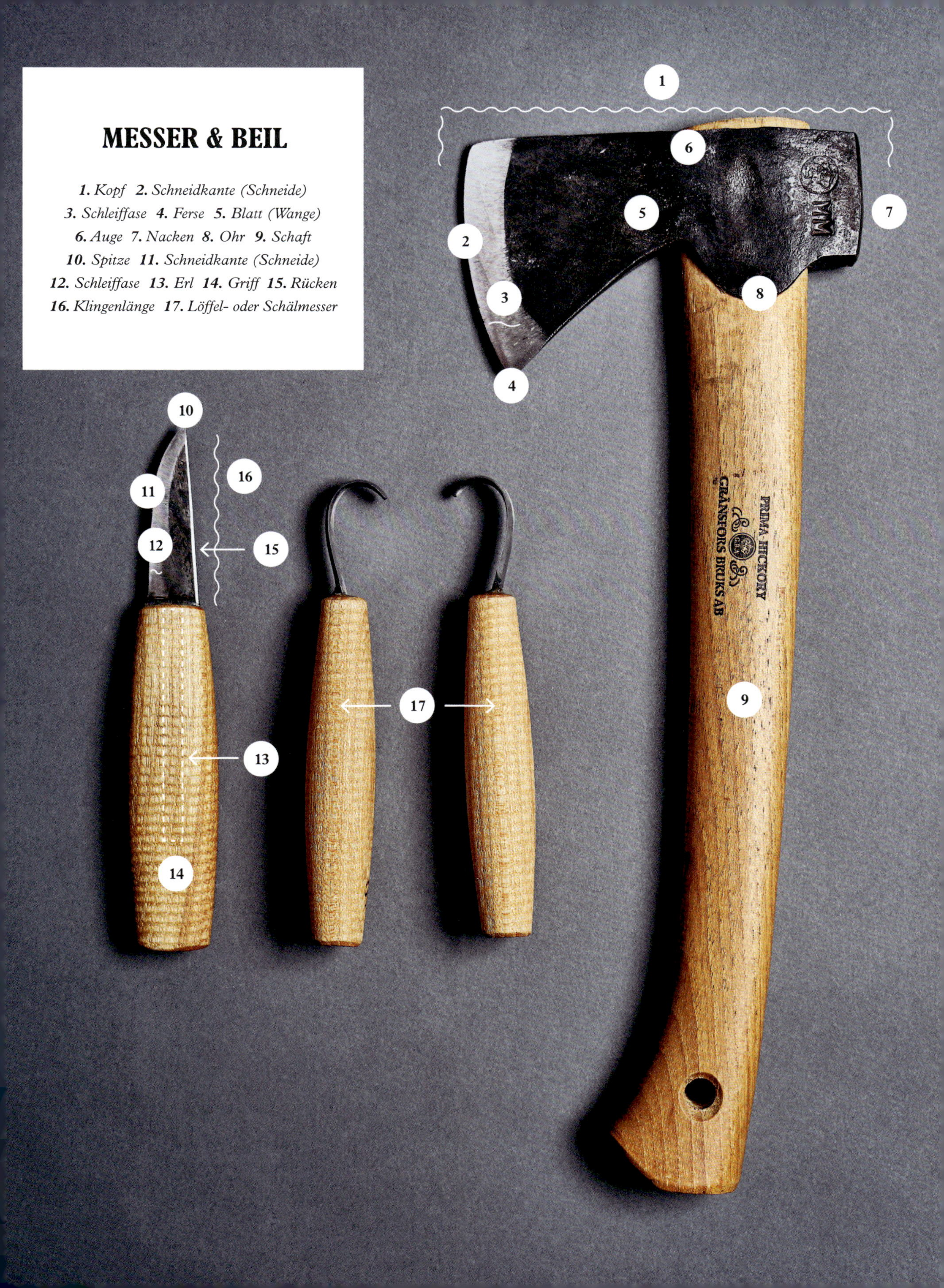

Löffelmesser > Löffel- oder Schälmesser mit ihren gebogenen Klingen werden zum Aushöhlen verwendet. Die Krümmung der Klinge entscheidet darüber, in welcher Tiefe du ein Werkstück aushöhlen kannst. Mit einer kurzen, eng geschwungenen Klinge kommst du tiefer als mit einer langen, weit geschwungenen. Handgeschmiedete Löffelmesser sind besser, weil die Klingen von Fabrikprodukten oft zu breit sind und gutes Drehen verhindern. Verzichte lieber auf industriell hergestellte Löffelmesser mit beidseitigem Klingenschliff. Sie machen viele Handgriffe unmöglich, denn man kann nicht mit den Fingern auf die Klinge drücken. Besser ist die Verwendung von zwei Löffelmessern, das eine mit rechtem, das andere mit linkem Anschliff.

ACHTUNG!

Die Klingen von Löffelmessern sind schwieriger zu schärfen als die von geraden Schnitzmessern und verlangen daher besondere Sorgfalt.

Eine Alternative zum geschweiften Löffelmesser ist ein gekröpftes Hohleisen, das wie ein Stemmeisen mit runder Klinge aussieht. Mit einem Hohleisen muss man nicht darüber nachdenken, welches der beiden Löffelmesser für die jeweilige Schnittrichtung das richtige ist, und die Technik des Aushöhlens ergibt sich ganz von selbst. Viele Holzwerker spannen den Rohling gerne an einer Werkbank ein, wenn sie ein Hohleisen verwenden. So hat man beide Hände frei und kann Eisen mit einem Klüpfel treiben. Außerdem ist die Gefahr des Abrutschens geringer. Letztlich ist es Geschmackssache, ob du lieber mit einem Löffelmesser oder einem Hohleisen arbeitest.

Beil > Die Axt und das kleinere Beil gehört zu den ältesten Werkzeugen der Menschheit. Sie kommen in einer Vielzahl von Formen und Ausführungen vor. Für die Holzbearbeitung existiert von kleinen, hübschen Bildhauerbeilen für kleine Handwerksarbeiten bis hin zu großen Zimmermannsäxten für den Hausbau eine umfangreiche Bandbreite. Außerdem gibt es Dechsel, bei denen die Schneidkante quer zum Schaft steht. Flachdechsel mit gerader Schneidkante werden wie Stemmeisen genutzt. Hingegen sind Hohldechsel mit schalenförmig gebogener Schneidkante das klassische Werkzeug des Mollenhauers. Das Bildhauerbeil, das für uns Schnitzer am interessantesten ist, erfordert Kontrolle und hat daher einen kürzeren Schaft und ein geringeres Gewicht als zum Beispiel eine Spaltaxt. Das Blatt kann vor dem Ohr eine Aussparung haben, um eine möglichst kopfnahe Führung zu gestatten. Die Klinge ist in der Regel leicht gebogen, um die gewünschte Schnittbewegung beim Schnitzen mit dem Beil zu ermöglichen. Je sicherer du mit dem Bildhauerbeil umgehen kannst, umso dichter am Griffende kannst du den Stiel greifen; die Kraft ist dann größer, aber das präzise Schlagen wird schwieriger. Achte darauf, wie du zu deinem Werkstück stehst – wenn du Pech hast und die falsche Stelle triffst, kann die Axt vom Objekt abprallen und den Kurs ändern. Halte deinen Hackklotz frei von Schmutz, Sand und Kieselsteinen, sonst wird die Schneide deines Beils schnell stumpf und nimmt Schaden.

Schärfen

Vieles muss stimmen, damit ein Messer gut arbeitet. Der Winkel der Schneidkante darf nicht zu flach sein, andernfalls kann sie nicht tief genug ins Holz eindringen. Aber er darf auch nicht zu steil sein, da das Messer sonst im Schnitt zwischen dem Holz und dem Span stecken bleibt. Ein Schneidenwinkel von etwa 23–27 Grad gilt als optimal. Auch die Qualität des Stahls ist wichtig, wenn das Messer lange scharf bleiben soll. Seine Härte muss genau richtig sein: Ist er zu hart, kann die Klinge brechen, ist er zu weich, kann sie sich verbiegen.

Messer abziehen > Es ist absolut notwendig, seine Messer abziehen zu können, denn das Schnitzen mit stumpfem Gerät ist nicht die Mühe wert. Um deine Messer ordentlich zu pflegen, brauchst du zwei Abziehsteine. Es gibt sie in vielen verschiedenen Körnungen. Um ein Messer gut schärfen zu können, braucht man beide, einen groben und einen feinen Abziehstein (ungefähr Körnung 1.000 und 8.000). Sie werden in zwei Kategorien aufgeteilt: Wasser- und Ölsteine. Für Abziehsteine aus Sandstein und anderen saugfähigen Gesteinen benutzt man Wasser; für Arkansas-Stein und andere, weniger saugfähige Gesteine verwendet man Öl. Wir empfehlen Wassersteine, weil das die einfachste Methode ist.

Manche Abziehsteine haben eine konische Form, durch die abgerundeten Kanten kann man sogar runde Schneidkanten innen schärfen.

Man muss den Abziehstein vor der Anwendung eine Stunde lang wässern. Schärfe immer im gleichen Winkel, in dem die Klinge ursprünglich geschliffen wurde, und beginne mit dem grobkörnigen Abziehstein. Halte das Messer mit der Schneidkante zu dir und drücke die Schneidfase mit dem Daumen auf den Stein. Ziehe das Messer auf dem Stein vor und zurück oder in kleinen Kreisen. Ab und zu muss man den Stein wässern, damit er nicht austrocknet. Man braucht ihn aber nicht, wie auf dem Foto gezeigt, unter fließendem Wasser abzuziehen. Zum Abziehen der anderen Seite hältst du das Messer mit dem Zeigefinger in der richtigen Position. Ziehe abwechselnd die Vorder- und Rückseite mehrmals ab, bevor du zum feineren Abziehstein wechselst und die Prozedur wiederholst. Beide Seiten sollten gleich stark abgezogen werden.

→→

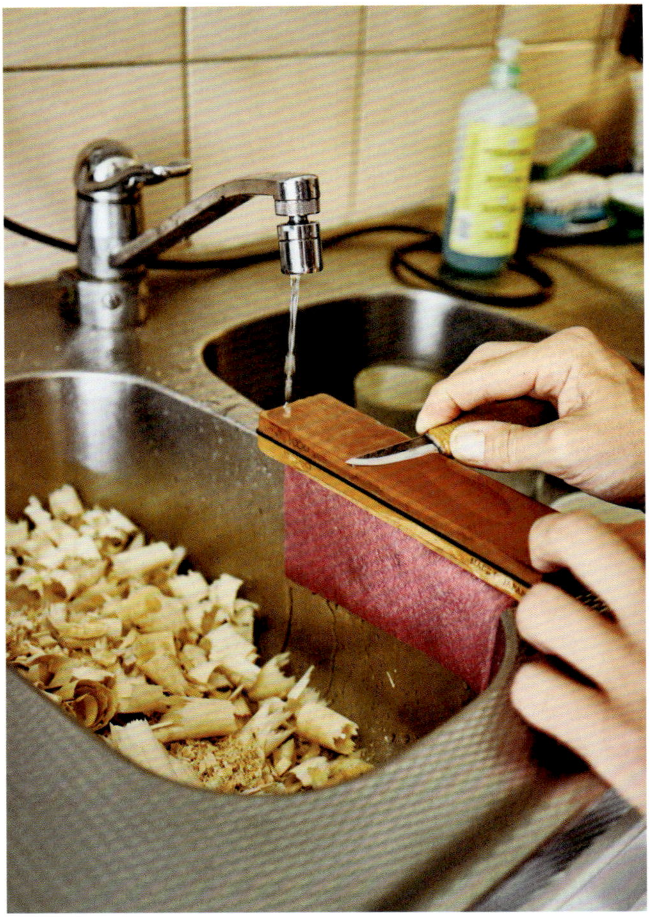

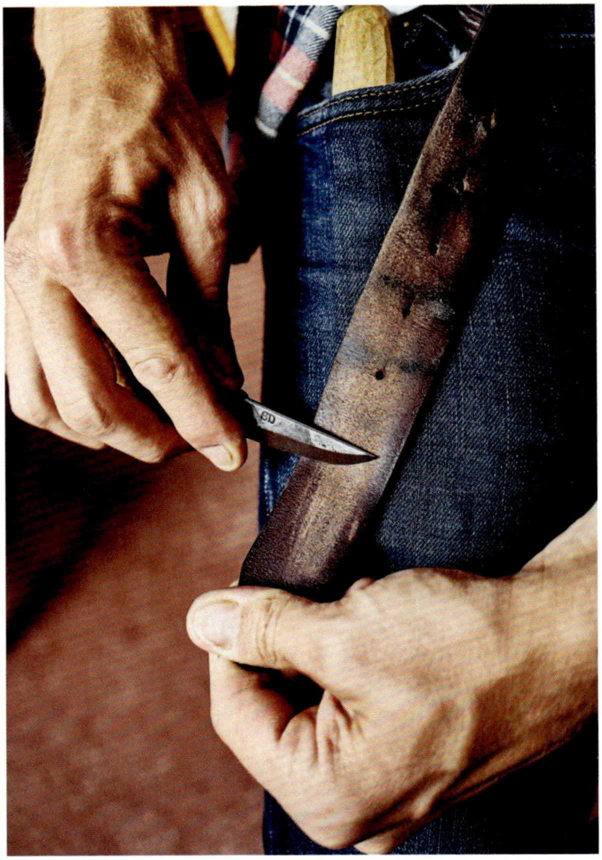

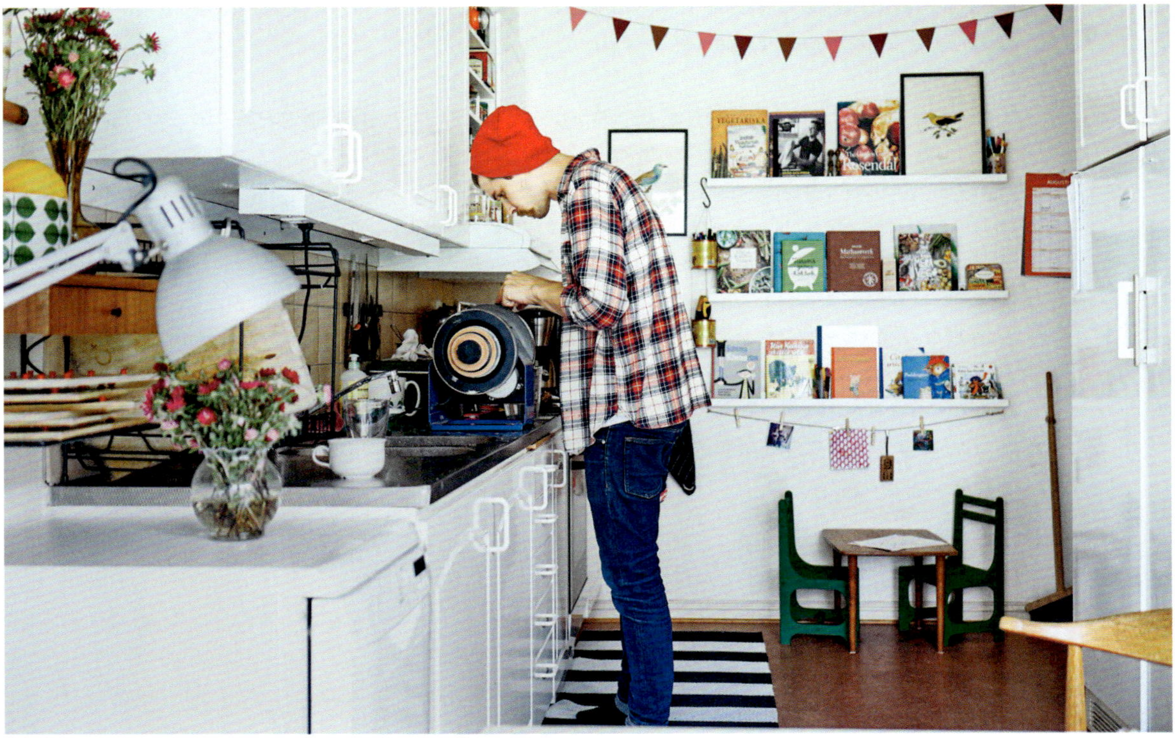
VEGETARISKA
Rosendal

Streichriemen > Ein Streichriemen ist ein Lederriemen, auf den man eine Schleifpaste gibt und über den man dann die Schneidkante zieht, um den Stahl noch weiter zu schärfen, indem man den Grat aufrichtet. Manche mögen es, wenn der Streichriemen auf einer festen Unterlage montiert ist. Andere ledern das Messer direkt auf einem gehobelten Holzstück mit Schleifmittel darauf ab. Viele Nassschleifmaschinen sind mit einem motorbetriebenen Streichriemen ausgestattet.

Auf dem Foto benutzt Hannes die Rückseite seines Gürtels, ansonsten sind freihängende Streichriemen aus Rindsleder das häufigste Modell. An einem Ende des Streichriemens befindet sich ein Haken, an dem man ihn bei Benutzung aufhängt, und am anderen Ende gibt es einen Griff, mit dem man ihn spannt. Wenn man einen freihängenden Streichriemen benutzt, ist es wichtig, dass der Riemen fest gespannt ist. Wenn er weich ist, wird die Schneidkante rund und stumpf statt scharf. Das kann auch passieren, wenn man das Messer zu fest auf den Riemen presst, sodass das Leder sich um die Kante legt. Die Schleifpaste dient zum Feinschleifen und Polieren von Metallen. Die Körnung sollte rund 0,003 mm betragen.

Bestreiche den Riemen mit einer dünnen Schicht Schleifpaste. Lege die Schleiffase an und ziehe die Klinge ein paar Mal auf jeder Seite streichend darüber. Am besten gelingt es mit lockerer Hand und wenn du das Messer flach am Riemen hältst. Ziehe immer mit der Klinge ab. Wenn du gegen sie ablederst, wirst du früher oder später in das Leder schneiden und es beschädigen.

Schleifstein > Nachdem man eine Weile mit dem Messer geschnitzt hat, muss es maschinell geschliffen werden, egal, wie gut du es gepflegt hast. Die Schneidkante wird stumpf und bekommt Beschädigungen, die man durch Abziehen nicht ausgleichen kann. Ein Schleifstein verleiht dem Messer eine konvexe Schleiffase, die man einige Male abziehen kann, bevor man wieder an den Schleifstein muss.

Sein Werkzeug schleifen und abziehen zu können, ist ein wichtiger Teil des Handwerks. Es ist ein sehr befriedigendes Gefühl, wenn man ein unbrauchbares Messer wieder rasiermesserscharf geschliffen hat. Falls dich der Schnitzvirus befallen sollte, wirst du früher oder später wahrscheinlich einige Euro in eine eigene Nassschleifmaschine investieren wollen.

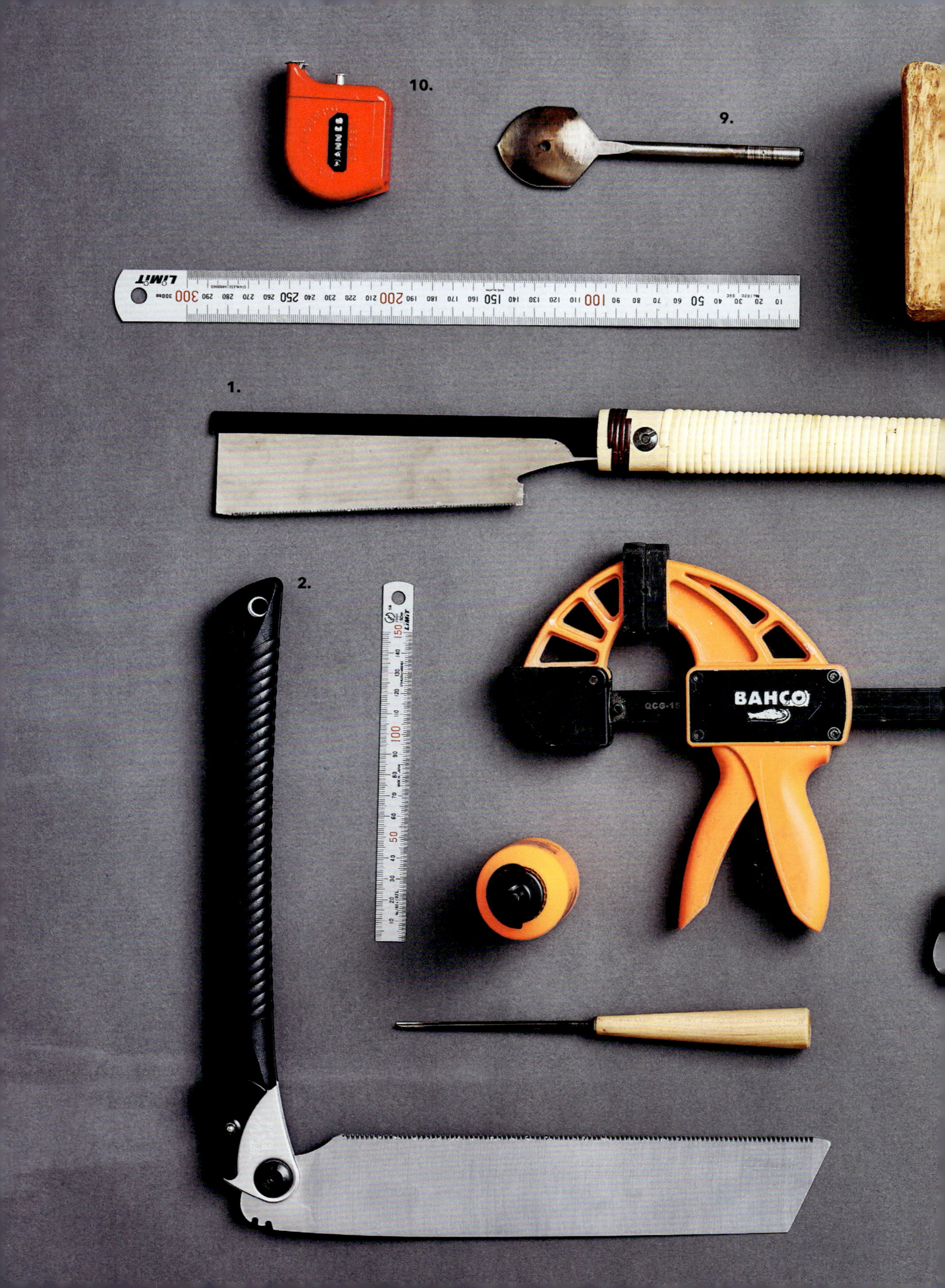
10.
9.
LIMIT
1.
2.
BAHCO
QCG-15

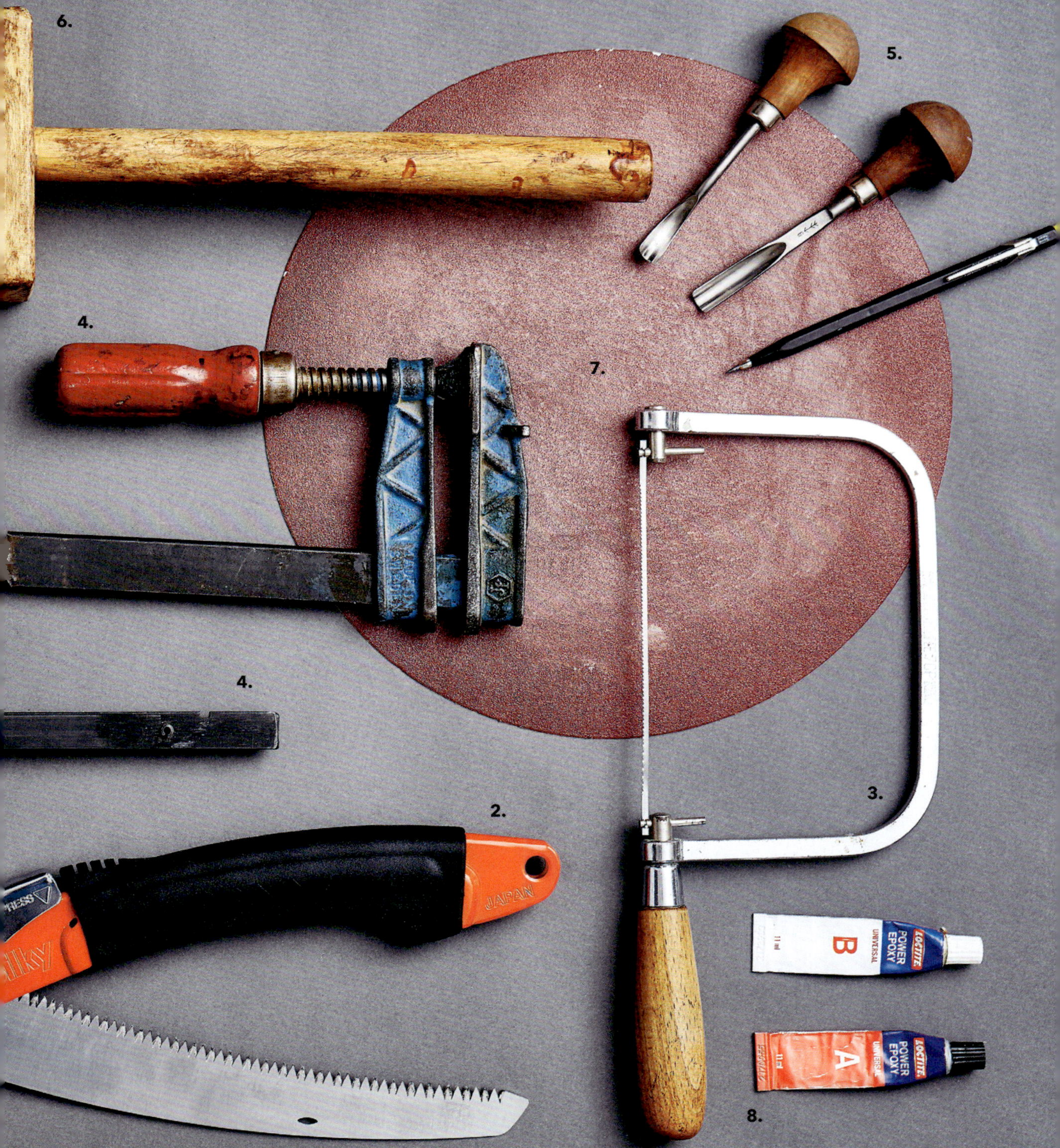

WERKZEUGE

Mit Beil und Messer kommt man weit, aber manchmal tauchen doch Situationen auf, in denen einige zusätzliche Werkzeuge hilfreich sind. Hier ein paar Favoriten.

1. Japansägen arbeiten auf Zug, nicht auf Druck, wie die meisten anderen Sägen. Deswegen kann das Blatt dünn sein. Oft wird die Anzahl der Zähne pro 30 mm genannt, um anzugeben, wie feinzahnig die Säge ist. Die kleinere Säge auf dem Foto hat 36 Zähne/30 mm und das Blatt ist 0,2 mm dick. Die Größere hat 26/30 und das Blatt ist 0,76 mm dick. Meist wird sie bei trockenem Holz genutzt.

2. Ast- oder Baumsägen benutzen Baumpfleger, Gärtner, Holzarbeiter und andere, die in Grünholz sägen. Das Sägeblatt ist speziell geformt mit vielen scharf geschliffenen, ungeschränkten Zähnen, die einen glatteren Schnitt als konventionelle Säge ermöglichen. Die Säge kann auf Zug arbeiten, wodurch sie leichter einzusetzen ist.

3. Laubsägen eignen sich, um unregelmäßige Linien und runde Formen zu schneiden. Das dünne Blatt kann durch ein gebohrtes Loch geführt werden. Praktisch, wenn man ein durchbrochenes Relief anfertigen will.

4. Zwingen dienen dem Fixieren von Rohlingen oder um zwei Holzstücke beim Verleimen aneinanderzupressen. Sie sind in einer Vielzahl von Größen, Spanntiefen und Ausführungen erhältlich. Mit einer Schraubzwinge wird der Rohling festgeschraubt, bis er zwischen den Spannarmen eingeklemmt ist. Eine Einhandzwinge wird durch Pumpen des Griffs festgezogen. Wie der Name schon sagt, kann sie mit einer Hand angezogen und gelöst werden.

5. Hohleisen oder Hohlbeitel werden zur Aushöhlung von Schalen oder zur Bearbeitung von konkaven Oberflächen eingesetzt. Die Klinge ist u-förmig und es gibt sie in viele Größen. Zur Bearbeitung von tiefen Aushöhlungen verwendet man gekröpfte Hohleisen. Für größere Kraftwirkung sollte der Rohling bei der Arbeit mit einem Schnitzeisen fest eingespannt sein. Der Winkel der Schleiffase beträgt normalerweise ca. 25 Grad, aber man kann sie an das zu bearbeitende Werkstück anpassen. Bei härterem Holz ist ein größerer Winkel gut, bei weicherem ein kleinerer.

6. Klüpfel können aus einem oder zwei Teilen bestehen. Falls du dein eigenes Klopfholz herstellen willst, solltest du ein knorriges Holzstück verwenden. Holz, das astig oder verdreht ist, ist härter und widerstandsfähiger gegen Stöße und Schläge und weniger anfällig für Risse.

7. Schleifleinen/-papier nutzt man zum Abschleifen von Holzunregelmäßigkeiten. Früher wurden natürliche Mineralien wie Quarz, Feuerstein und Schmirgel verwendet, und der Begriff Sandpapier war zutreffender. Heute sind meist künstliche Schleifmaterialien wie Aluminiumoxid in Gebrauch. Die Zahl auf der Rückseite des Papiers gibt an, wie grob die Körnung des Schleifpapiers ist: je höher die Zahl, desto feiner die Körnung.

Schleifleinen hat eine längere Lebensdauer als Schleifpapier, weil es beim Schleifen unebener Fläche und Kanten nicht so schnell reißt oder bricht.

Sollte sich das Schleifleinen mit Holzspänen zugesetzt haben, kann man es unter Wasser ausspülen, dabei verschwindet der Großteil des Schmutzes. Schneiden Sie nicht in eine bereits geschliffene Oberfläche, weil Schmirgelpapier Körner verliert, die sich im Holz festsetzen und die Klinge stumpf werden lassen. Das Schleifpapier auf dem Foto hat einen Durchmesser von 30 cm, 120 Körnung und ist für einen Tellerschleifer gedacht.

8. Zweikomponentenkleber bestehen aus einer Basis und einem Härter, die in getrennten Behältern gelagert und vor der Anwendung in der gewünschten Menge zusammengemischt werden. Solche Kleber brauchen meist keine Luft, um auszuhärten, weil er durch eine chemische Reaktion fest wird. Zweikomponentenkleber sind oft wasserfest und schrumpfen nicht beim Trocknen. Achten Sie darauf, keinen Kleber auf die Haut zu bekommen.

9. Bohrer sind ein rotierendes Werkzeug in einer Vielzahl von Ausführungen, die sich jeweils für unterschiedliche Zwecke eignen. Der Spiralbohrer ist das am häufigsten verwendete Modell für Holz. Er hat zwei Schneiden, die sich über die gesamte Länge der Spirale erstrecken. Die Hauptfunktion der Spirale besteht darin, Späne zu entfernen. Der Zentrierbohrer ist super, wenn man mit einer Handbohrmaschine ein größeres Loch bohren will. Der Bohrer hat eine starke Spitze und zwei radiale Schneiden, die in das Holz hobeln. Er verfügt nicht über eine Spirale, um die Späne aus dem Loch zu entfernen; dafür muss man den Bohrer herausnehmen und reinigen. Der Eierbecherbohrer, der auf dem Bild zu sehen ist, macht Löcher mit einem runden Boden.

10. Mit dem **Bandmaß** misst man Innen- und Außenlänge sowie Rohrdurchmesser. Es wird von Hand ausgezogen, rollt sich aber automatisch ein, sobald man den Knopf drückt. Die Maßangaben sind auf beiden Seiten in Millimetern angegeben. Am Ende des Handauszugs gibt es eine Ritzkante, mit der man das Holz markieren kann. Etwas weiter im Band befindet sich ein kleines Loch, wodurch man einen Nagel führen kann, um Kreise zu ziehen. Wenn man das Band ganz herauszieht, findet man das Jahr seiner Herstellung.

Beitel oder Stemmeisen haben eine gerade Klinge und werden zur Holzbearbeitung und zum Ausstechen oder -stemmen von Holzstücken benutzt. Manche Griffe sind mit einem Metallring verstärkt, damit sie nicht durch einen Schlag mit dem Klüpfel beschädigt werden. Der Winkel der Klinge ist derselbe wie bei Hohleisen. *(Nicht auf dem Foto)*

Schnitzgriffe

Beginne immer damit, dir das Holzstück genau anzusehen. Ist es gerade oder nicht? Ist es um die eigene Achse verdreht? Gibt es Äste, und wenn ja, wo befinden sie sich in Beziehung zur Form, die Ihnen vorschwebt? Ein typischer Anfängerfehler ist es, sich ein Holzstück zu schnappen und eifrig drauflos zu schnitzen, um nach einer Weile festzustellen, dass dieser Rohling eigentlich gar nicht passt. Es ist schade, wenn man lange gearbeitet hat, nur um dann zu merken, dass das Holzstück, etwa wegen eines Asts an einem schwachen Punkt gar nicht robust genug ist.

Wenn du mit einem kleineren Ast oder Holzstück beginnst, brauchst du es vielleicht gar nicht zu spalten – in dem Fall kannst du einfach losschnitzen. Bedenke jedoch, dass die Gefahr von Trockenrissen größer ist, wenn du das Holz nicht im Kern spaltest. Wenn du einen schweren Ast oder einen Baumstamm hast, dann spalte ihn zunächst.

Pflaster vermeiden > Um Verletzungen zu vermeiden, muss man bewusst auf Sicherheit achten. Mach dir ununterbrochen klar, wo sich deine Hände, Finger und Beine befinden, und versuch vorauszusehen, wo das Beil landet, wenn es abrutscht oder wenn der Rohling umfällt. Bleib entspannt und konzentriere dich auf die Aufgabe. Achte darauf, dass dich weder Kinder noch Haustiere ablenken.

Denk beim Schnitzen daran: Meistens schneidet man sich, wenn man den Griff wechselt oder das Messer beiseitelegt – es passiert leicht, dass die Konzentration ein paar Sekunden zu früh nachlässt. Generell gilt: Arbeite immer vom Körper weg. Sollte das einmal nicht möglich sein, dann achte auf verlässlichen Halt. Wenn du fürchtest, dich zu schneiden, dann kannst du solche Kevlar-Handschuhe kaufen, wie Glaser sie verwenden; sie schützen recht gut vor Schnitten. Allerdings fühlt man sich dann, wenn man sich erst einmal an das Tragen von Handschuhen gewöhnt hat, nackt und ungeschützt, wenn man sie nicht an hat.

☺ *Die Entscheidung, in welchem Alter man mit dem Schnitzen beginnen kann, überlassen wir den Eltern. Toben und Rennen passen nicht zu scharfen Werkzeugen. Wenn ein Kind gern mitschnitzen möchte, aber noch nicht alt oder reif genug ist, kann man ihm ein Stück Rinde und einen Sparschäler geben, dann wäre ein Schnitt nicht so schlimm. Und ein selbst gebasteltes Rindenboot ist nicht zu verachten!*

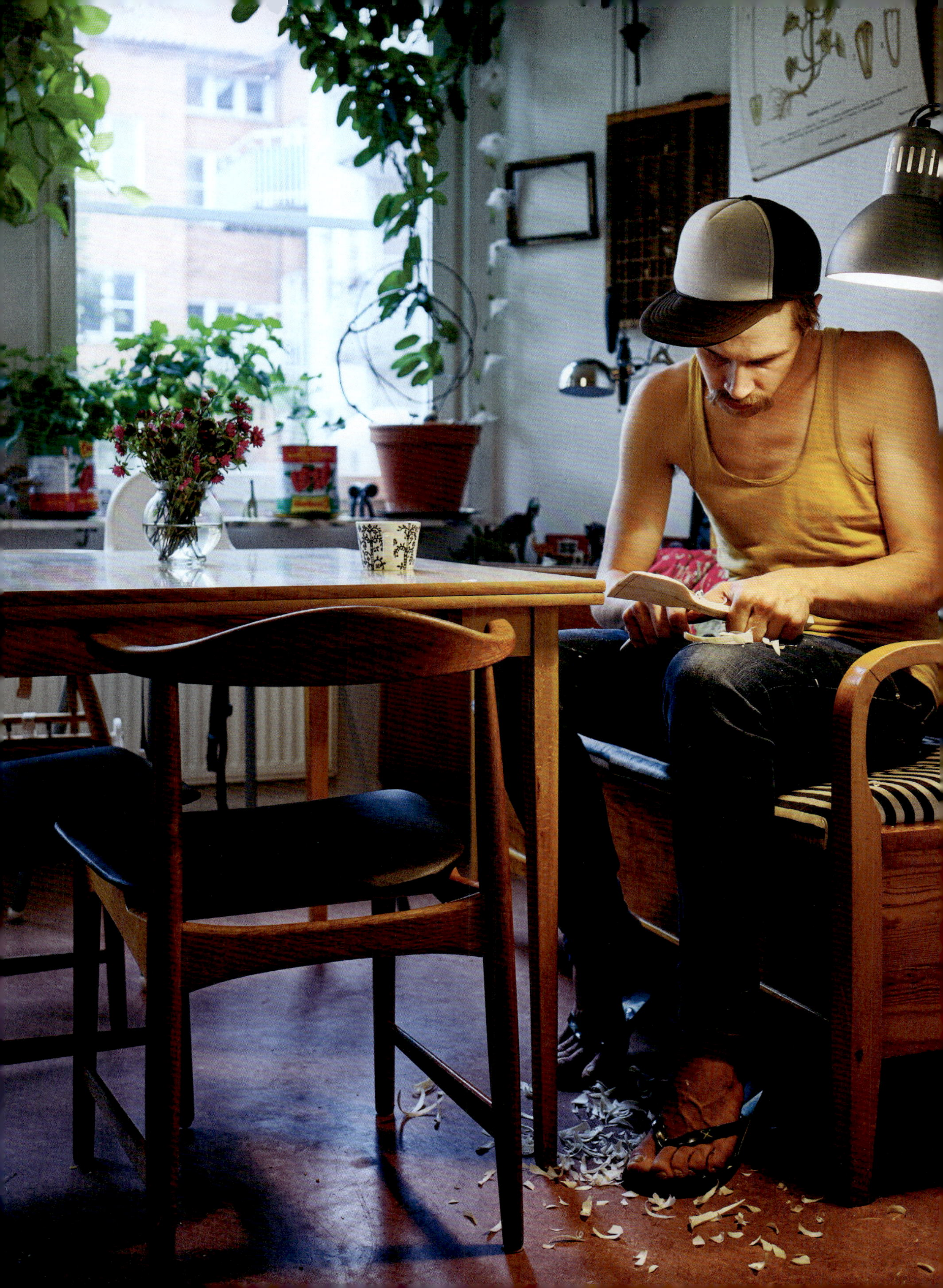

Spalten > Am kontrolliertesten geht das Spalten, wenn man mit einem Klüpfel auf die Axt schlägt. Ein Klopfholz kann man mit einem Beil gut selbst herstellen. Mach den Kopf aus einem harten Holz, etwa aus Ulme oder einem Obstbaum, sodass er nicht kaputt geht, wenn du damit auf Beile und Keile haust.

Das Holz für den Kopf sollte gern astig und knorrig sein, dann ist es robuster. Vermeide es, mit Metall auf Metall also mit dem

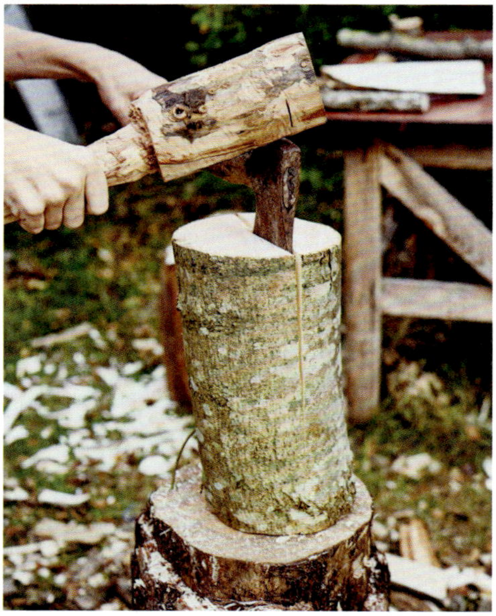

Hammer auf den Axtnacken zu schlagen. Die Axt könnte sich verbiegt oder der Stiel aus dem Auge rutschen.

Ein kräftiger Hackklotz ist die beste Unterlage beim Spalten. Ein Beil kann leicht abrutschen. Vergewissere dich also, dass es den Klotz nicht verfehlt.

Stell das Spaltgut mitten auf den Klotz, sodass dein Beil ganz sicher darauf landet. Bau dich in Schrittstellung und so weit von einer möglichen Pendelbewegung des Werkzeugs weg auf, wie es möglich ist, ohne das Gleichgewicht zu verlieren. Es ist gut, wenn die Oberfläche des Hackklotzes

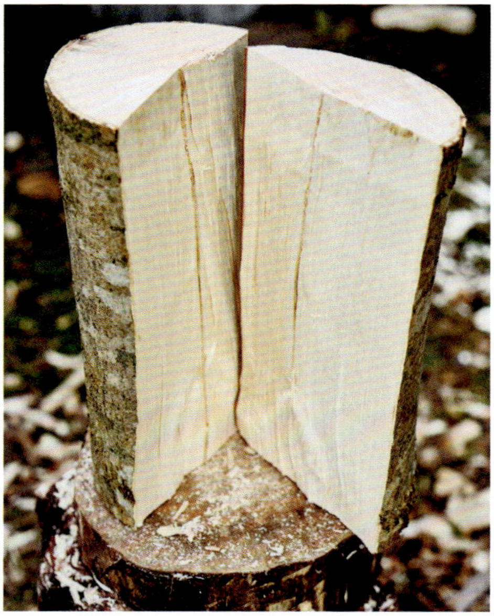

bereits Gebrauchsspuren aufweist; Hackspuren können helfen, das Spaltgut beim Arbeiten an Ort und Stelle zu halten. Zerteile das Holzstück mit der Faserrichtung, anders kann man Holz gar nicht spalten. Wenn du stattdessen eine Scheibe von einem Stamm absägst, wie man eine Scheibe Brot abschneidet, dann wird sie beim Trocknen auf jeden Fall reißen, weil im Grunde die gesamte Oberfläche aus Hirnholz besteht.

Falls du präzise sein willst, solltest du auf dem Holzstück markiere, wo du es spalten möchtest. Sollte es dir darum gehen, einen kleineren Stamm zu zerteilen, dann ist es sinnvoll, die Rinde dort zu entfernen, wo das Schnittgut reißen wird. Auf diese Weise siehst du sofort, ob du es so wie gewünscht gespalten hast. Bei einem verbogen gewachsenen oder astigen Holzstück musst du dir vielleicht mit einem Holzkeil helfen oder die Axt tiefer in den Spalt schlagen. Versuche, das Holzstück vor dem Spalten zu verstehen: Wo sitzen Äste, und wie wirken die sich auf das zerlegte „Filet" aus?

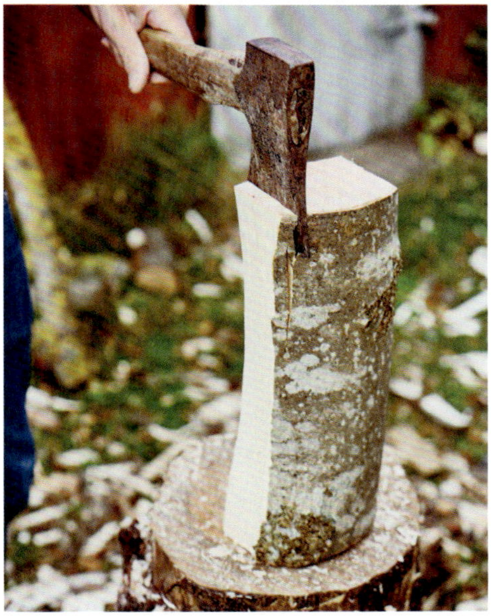

Einen größeren Stamm fürs Schnitzen spaltet man durch den Kern. Dort reißt das Holz am ehesten. Indem man in der Mitte spaltet und den Kern abschlägt, schließt man dieses Risiko von vornherein aus.

Bei einem größeren Stamm spaltet man also zuerst in der Mitte und dann weiter, abhängig davon, wie du dir den Verlauf der Jahresringe vorstellst. Für ein Buttermesser etwa ist es am besten, wenn die Jahresringe in der Klinge liegen.

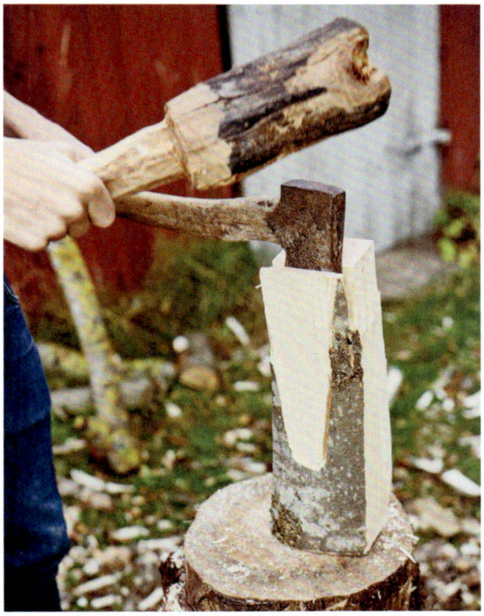

Wie genau die Faserrichtung im Holz verläuft, kann entscheidend dafür sein, wie man später schnitzt und wie haltbar das fertige Holzobjekt ist.

Ein guter Anfang ist es, einen rechteckigen Rohling mit geraden Seiten herauszuschlagen. Dann kann man einfach die gewünschte Form aufzeichnen. Wenn du kein Beil hast, kannst du schmale Brettchen auch mit einem Messer abspalten. Verwende hierzu einen Holz- oder Gummihammer.

Grob zuhauen und schnitzen > Jetzt hast du einen rechteckigen Rohling, auf dem du nun mit Bleistift die Konturen deines Projekts aufzeichnen kannst. Überprüfe, ob es möglich ist, noch mehr Material wegzuschlagen und ob du einen „Stoppschnitt" sägen solltest, also einen Schnitt, der das Messer an einem bestimmten Punkt stoppt. Man kann so einen Stopp auch direkt mit dem Beil einschlagen. Achte aber darauf, dabei nicht die Hand zu treffen, die den Rohling hält. Nützlich ist hierbei ein Hackklotz mit Aussparung, um darin den Rohling zum Hauen eines Stopps zu fixieren. Es ist auch möglich, den Rohling auf den Hackklotz zu legen und dann mit dem Beil einen ausreichend tiefen Schnitt anzulegen.

Die grobe Form mit dem Beil herausschlagen. Am sichersten arbeitet man sich bis zu den Linien vor, indem man immer nur wenig Material auf einmal abträgt. Eine gute Technik besteht darin, so weit ins Holz zu hauen, bis das Beil festklemmt. Dann schlägt man mit dem Rohling am Beil als Einheit auf den Hackklotz, bis sich der Span löst und das Werkzeug wieder frei ist. In ähnlicher Weise kannst du einen Schnitt ansetzen, indem du die Schneide dort auf dem Werkstück platzierst, wo der Schnitt geplant ist, und danach Beil und Rohling zusammen auf den Hackklotz schlägst. Wenn du ein dünnes Stück abhacken willst, kann es geschickt sein, den Rohling auf den Hackklotz zu stellen, das Beil anzusetzen und mit dem Klüpfel einzuschlagen.

Je sicherer du das Beil handhabst, umso mehr Holz traust du dich zu entfernen. Es lohnt sich, so viel wie möglich schon mit dem Beil abzutragen. Einmal, weil es schneller geht und dann, weil man die Messerschärfe für die Details aufspart.

Sobald die grobe Form vorliegt, ist es an der Zeit, mit dem Messer weiterzumachen. Setz dich dazu hin. Ein Hocker oder ein Stuhl ohne Armstützen eignet sich am besten. Die meisten Schnitztechniken bewältigt man gut, wenn man am Küchentisch sitzt.

Schnitzen bedeutet schneiden, also die Klinge so über das Holz zu ziehen, dass ein echter Schnitt entsteht. Das Grundprinzip ist dabei, immer in Richtung der Holzfasern abzutragen und nicht gegen sie. Du merkst schnell, ob das Messer glatt und mit feinen Spänen schneidet oder ob das Holz dort, wo du schnitzt, bricht. Wenn das geschieht, dann arbeitest du gegen die Faser und musst die Richtung ändern, indem du entweder den Rohling drehst oder umgreifst. Denk daran: Sobald das Holz splittert oder die Arbeit auf einmal schwer geht, schnitzt du wahrscheinlich „gegen den Baum".

Die Kraft sollte in der Regel aus der Hand kommen, nicht aus dem Arm. Wenn man beobachtet, wie Kinder typischerweise schnitzen, dann sieht man, wie sie, um Kraft zu gewinnen, mit dem ganzen Arm arbeiten und wie das Messer am Schluss unkontrolliert hochfliegt. Vermeide eine solche Schnitztechnik.

Ziel ist es, kraftvoll, aber langsam zu schnitzen. Angestrebt wird ein kontrollierter, druckvoller Schnitt, der aber nur kurz über den Rohling geht. Manchmal bewegt man auch das Holz zum Messer statt umgekehrt.

Sobald du deinen Rohling mit dem Messer bearbeitest, achte darauf, dass er weiterhin vier klar definierte Seiten hat. Rundest du die Kanten zu früh ab, geht die Form leicht verloren. Beginne mit der Oberseite und wende dich erst danach den Rändern zu. Solange man noch nicht mit dem Abrunden der Kanten angefangen hat, kann man die Form, falls es erforderlich ist, leicht wieder aufzeichnen. Lege eine Linie, Schräge oder Seite von vorne bis hinten vollständig an, bevor du zur nächsten übergehst. Mit anderen Worten schnitze systematisch, nicht ein bisschen hier und ein bisschen da. Mach Pausen und betrachte dein Werkstück aus unterschiedlichen Winkeln, befühle es, um eine Vorstellung von seiner Dicke, Form und Symmetrie zu bekommen. Vertraue deinem Augenmaß: Wenn es gut aussieht, ist es gut.

Falls es nicht symmetrisch wirkt, du aber nicht genau erkennst, was nicht stimmt, dann gibt es einen einfachen Trick, der funktioniert, solange die Kanten noch nicht abgerundet wurden. Leg das Holzstück auf ein Blatt Papier und fahre die Form mit einem Stift nach. Bei einem kurvigen Rohling klappt es, wenn man das Papier und dann das Holz auf den Oberschenkel legt und drum herum zeichnet. Es ist wichtig, dass das Papier am Rohling anliegt, damit der Umriss auf dem Papier das Original genau wiedergibt. Schneide die Form entlang der Linie aus und falte das Papier in der Mitte. Jetzt siehst du deutlich, wo es an Symmetrie fehlt. Schneide die überstehenden Teile weg. Oft muss man auf beiden Seiten etwas wegnehmen. Leg den korrigierten Umriss auf dein Werkstück, zeichne es ab und schnitze entlang der Linien.

Bei einer anderen Art des Schnitzens lässt man das Skizzieren weg und verzichtet auch darauf, die Kanten so lange wie möglich beizubehalten. Lass dich in deiner Vorgehensweise von deinem Gefühl führen. Manchmal ist es wunderbar, drauflos zu schnitzen und die Form einfach von selbst entstehen zu lassen.

Schnitzgriffe > Es gibt eine ganze Menge verschiedener Griffe und Techniken, die man beim Schnitzen nutzen kann. Welche zu einem passen, ist von Mensch zu Mensch unterschiedlich. Irgendwann findet man seine Lieblinge und setzt schließlich nur noch dann unvertraute Griffe ein, wenn nichts sonst das gewünschte Ergebnis bringt. Eine Reihe von Griffen funktioniert toll bei frischem, leicht zu schnitzendem Holz, doch bei trockenem nicht. Manchmal benutzt man die Messerspitze und dann wieder die Schneide nah am Griff.

Da beim Schnitzen vor allem die Handgelenke und die Hände arbeiten, kann deren Größe und Kraft eine Rolle dabei spielen, welche Griffe man bevorzugt. Die Arme sollte man am Körper halten, sodass die Arbeit weniger raumgreifend und kontrollierter erfolgt. Manche setzten die Ellbogen dabei auf den Knien auf, das klappt auch gut. Die Hauptsache ist, dass der Körper die Hände stützt, damit die sich ganz auf das Messer und das Holz konzentrieren können.
Zu Anfang ist auf vieles zu achten und damit zu rechnen, dass Übung und Zeit erforderlich sind, bis die Hände gut zusammenarbeiten. Die Messerhand muss lernen, in welchem Winkel das Messer zum Holz stehen soll. Die andere, wie man den Rohling hält und gleichzeitig das Messer anschiebt. Man benötigt Verständnis dafür, wann welcher Griff am besten ist. Langsames, aber kraftvolles Schnitzen braucht Übung. Irgendwann hat man gelernt, die Informationen, die das Messer über das Holz weitergibt, richtig zu interpretieren. Wenn du dich erst einmal in das Schnitzen hineingefunden hast, stellen sich die nützlichsten Griffe auf natürliche Weise von allein ein, und du verletzt dich nur noch sehr selten. Aber bis man so weit ist, muss man unbedingt immer daran denken, wo sich die Hand, die den Rohling hält, gerade befindet. Denn sie ist in Gefahr, wenn man mit dem Messer abrutscht.

Für viele ist das **Schnitzen nach vorn** das Sinnbild dieses Hobbys, aber diese Methode ist eigentlich keine besonders nützliche Technik. Man braucht viel Kraft, gleichzeitig ist es schwer, sicher und kontrolliert zu arbeiten. Die Hand und das Messer bewegen sich recht unkontrolliert weg vom Körper, sobald sich der Span vom Werkstück löst. Das kann bei groben Arbeiten in frischem Holz gut funktionieren und man erhält lange, dünne Späne. Aber in trockenem Holz wendet man diesen Griff selten an. Sicherer ist es, ein Stück nach vorne zu schnitzen, bis das Messer im Holz fasst und dann den Schnitt fortzusetzen, indem man die Hand, die den Rohling hält, zu sich zieht. Das hindert das Messer am Wegrutschen und man gewinnt Kontrolle. Wenn dir diese Technik gefällt, kannst du auch versuchen, dich mit der Messerhand vor dem Knie abzustützen, um sie zu entlasten.

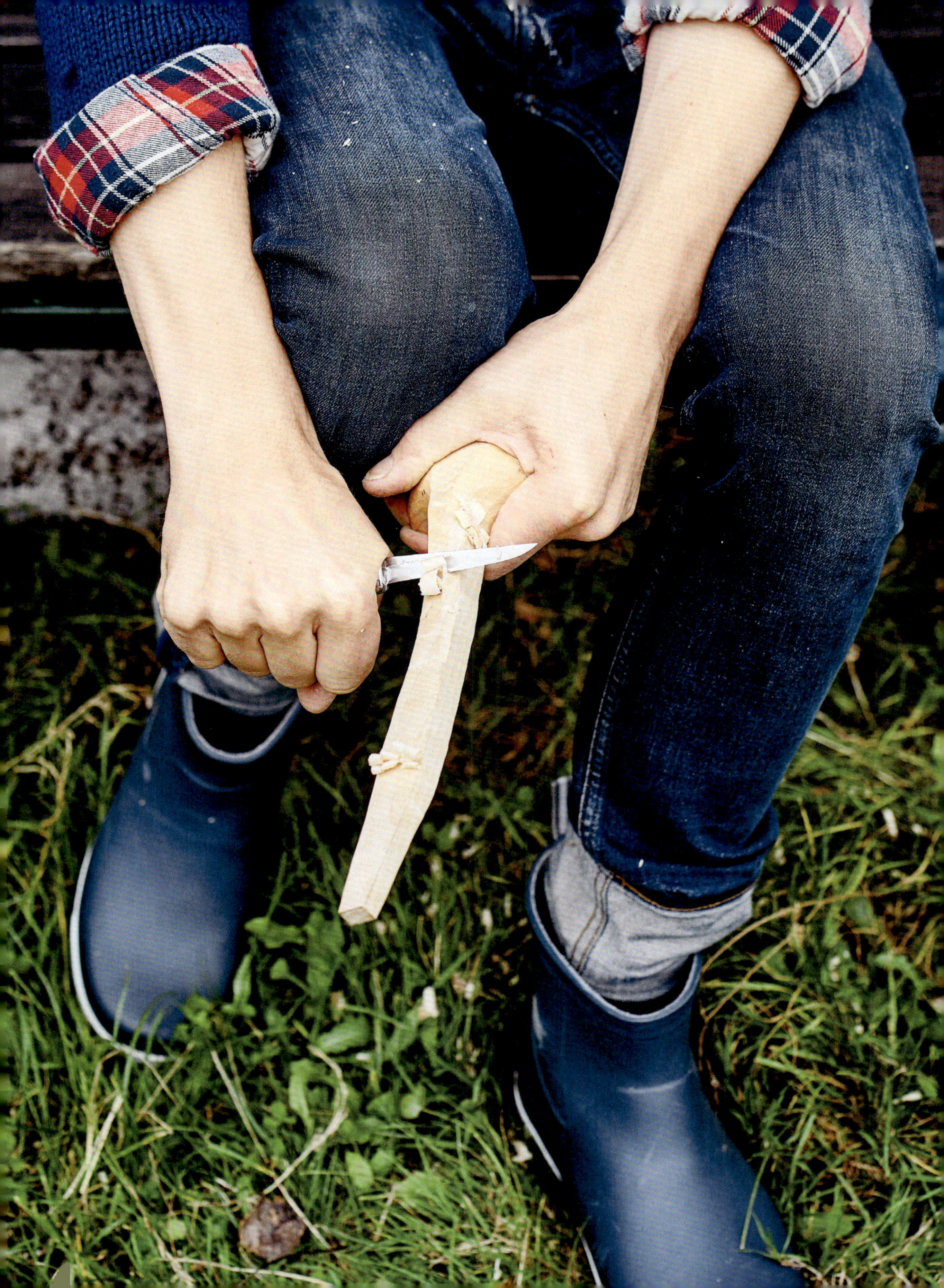

→→

Manche Schnitzer verwenden den **Scherengriff**, bei dem Messer und Holz an den Brustkorb gehalten werden und die Ellbogen an den Körper, sodass die Kraft von den Rückenmuskeln kommt. Wenn du bei einem anderen Griff nicht genug Druck erzeugen kannst, dann lohnt es sich, den Scherengriff auszuprobieren.

Wenn man **mit dem Daumen schiebt,** kann man mit Kraft und Kontrolle nach vorn schnitzen. Mit der Messerhand achtet man darauf, dass die Klinge im rechten Winkel zum Holz steht, während man gleichzeitig mit der Hand, die das Werkstück hält, den Messerrücken drückt.

Der Schnitzkünstler Döderhultaren **schnitzte** gern **auf sich zu**. Ihm gefiel diese Technik so sehr, dass sein Arbeitskittel schließlich lauter Löcher in Brusthöhe hatte. Wenn du mit dem Messer auf dich zu arbeitest, dann in seinem solchen Winkel, dass die Spitze von dir weg zeigt. Die Arme hältst du am Körper, damit du langsam, aber mit Kraft arbeiten kannst. Wenn du magst, schiebst du mit der Hand, die das Holz fasst, den Messerrücken an, fast ein bisschen wie beim Geigespielen.

Zum Daumen zu schnitzen, ist eine gute Technik, nicht zuletzt, wenn man eine Kante abschrägen möchte oder an einem Schaft bis zum Ende hin arbeitet. Der Daumen der Messerhand drückt gegen die Holzkante, und man schnitzt, indem man die Hand schließt und mit dem Daumen dagegenhält. Platziere den Daumen der Messerhand so, dass er hinter dem Holzstück, an dem du arbeitest, geschützt ist, damit du dich nicht verletzt. Die andere Hand fasst den Rohling.

Falls dein Holzstück keine Kante hat, an der sich dein Daumen abstützen kann, ist es auch möglich, *den Daumen der Messerhand mit der Hand, die den Rohling hält, ans Holz zu pressen. Oder du hältst das Messerblatt mit dem Zeigefinger nach unten zum Holz.*

Mit dem **Löffelmesser** schnitzt man abwechselnd auf sich zu und von sich weg. Wenn man etwa den Griff einer Kelle festhält, dann schnitzt man mit dem rechten Löffelmesser auf der rechten Seite, indem man von sich weg schnitzt und *mit dem Daumen schiebt.* Im Anschluss dreht man die Kelle um, sodass man die Laffe fixiert und auf der anderen Seite mit dem linken Löffelmesser *zum Daumen arbeitet.*

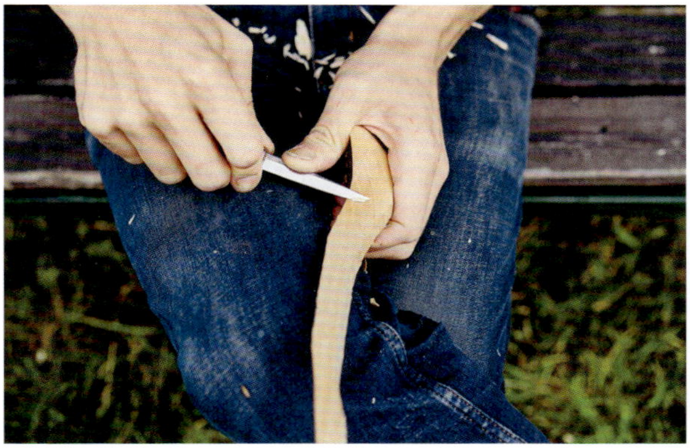

Mit dem Daumen schieben.

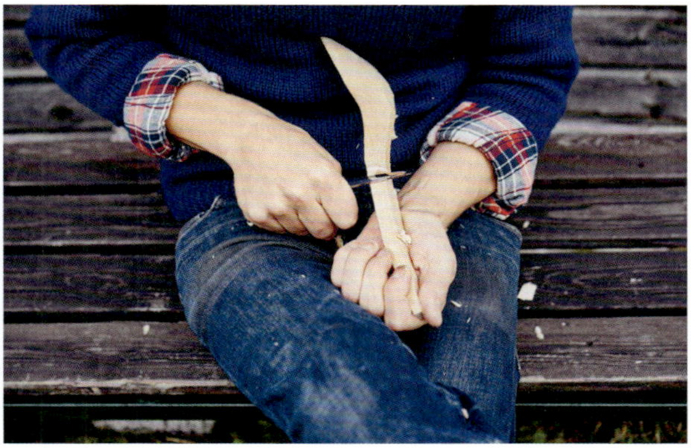

Auf sich zu schnitzen.

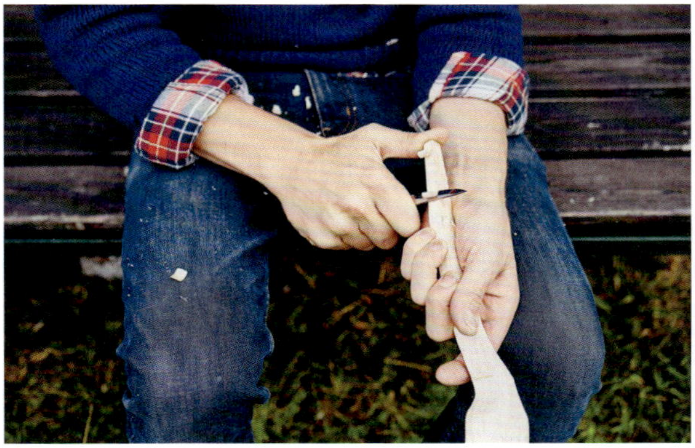

Zum Daumen schnitzen.

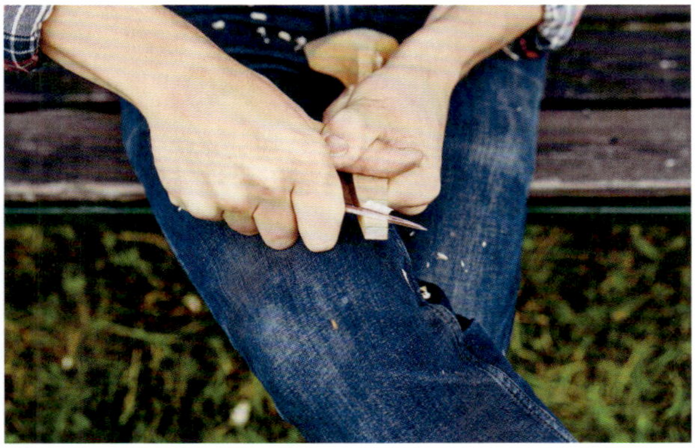

Den Daumen der Messerhand festklemmen.

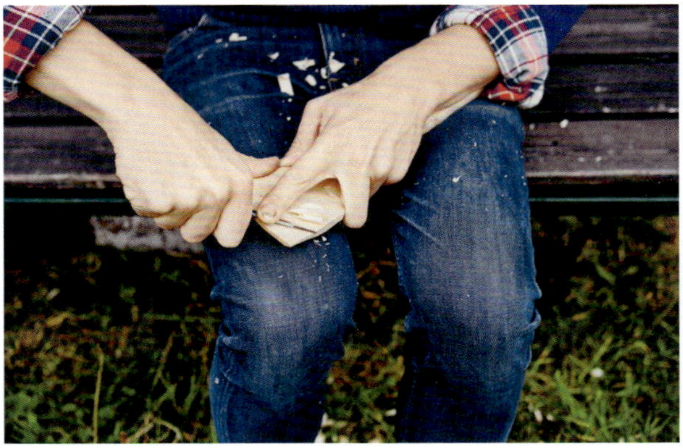

Die Klinge mit dem Zeigefinger nach unten drücken.

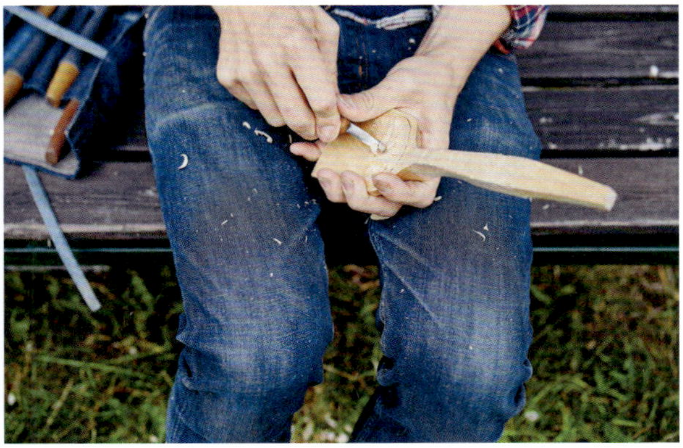

Mit dem Daumen schieben (Löffelmesser).

Oberfläche

Am schönsten ist es, gar nicht zu schleifen. Denn um nach grobem Schleifpapier eine feine Oberfläche und ein geschliffenes, glänzendes Resultat zu erhalten, muss man einiges tun. Und dann hat man poliert und sich gelangweilt und etwas geschaffen, das maschinengemacht aussieht. Mit einem richtig scharfen Messer und trockenem Holz erhält man die schönste und glänzendste Oberfläche.

Oft werden geschnitzte Dinge angemalt und gebeizt, aber uns gefällt Holz so wie ist bei Gebrauchsgegenständen besser.

Vielleicht möchtest du deine Schnitzwerke ölen, dadurch wird die Oberfläche robuster und haltbarer. Welches Öl passt, hängt von der Nutzung ab. Für einen Löffel, mit dem man essen möchte, nimmt man ein natürliches und ungefährliches Öl, das aushärtet. Ein solches Öl bekommt über die Zeit an der Luft eine harte, harzartige Konsistenz, wodurch das Holz härter und widerstandsfähiger wird. Nur eine Handvoll Öle verfügen über diese Eigenschaft. Neben Lein- und Tungöl – dazu unten mehr – sind Mohnsamen- und Walnussöl sowie das Öl, das aus den Samen von *Perilla frutescens* (Perilla oder Sesamblatt) gewonnen wird, am häufigsten.

Öle, die nicht aushärten, werden vom Holz aufgesogen und machen es fett. Das verleiht zwar einen gewissen Schutz, aber wenn man Pech hat, wird das Öl ranzig oder sogar schimmlig, deswegen lässt man normale Speiseöle lieber weg.

Wachs legt sich wie ein Film auf geschnitzte Oberflächen und dringt nicht ins Holz ein, aber auf einer geschliffenen Oberfläche funktioniert es bestens.

Denk daran, dass ölgetränkte Lappen und Papiere sich in seltenen Fällen selbst entzünden können, vergiss also nicht, sie direkt nach dem Benutzen einzuweichen oder zu verbrennen. Oder aber du hebst sie in einem festverschlossenen Gefäß auf, falls du sie mehrmals verwenden möchtest.

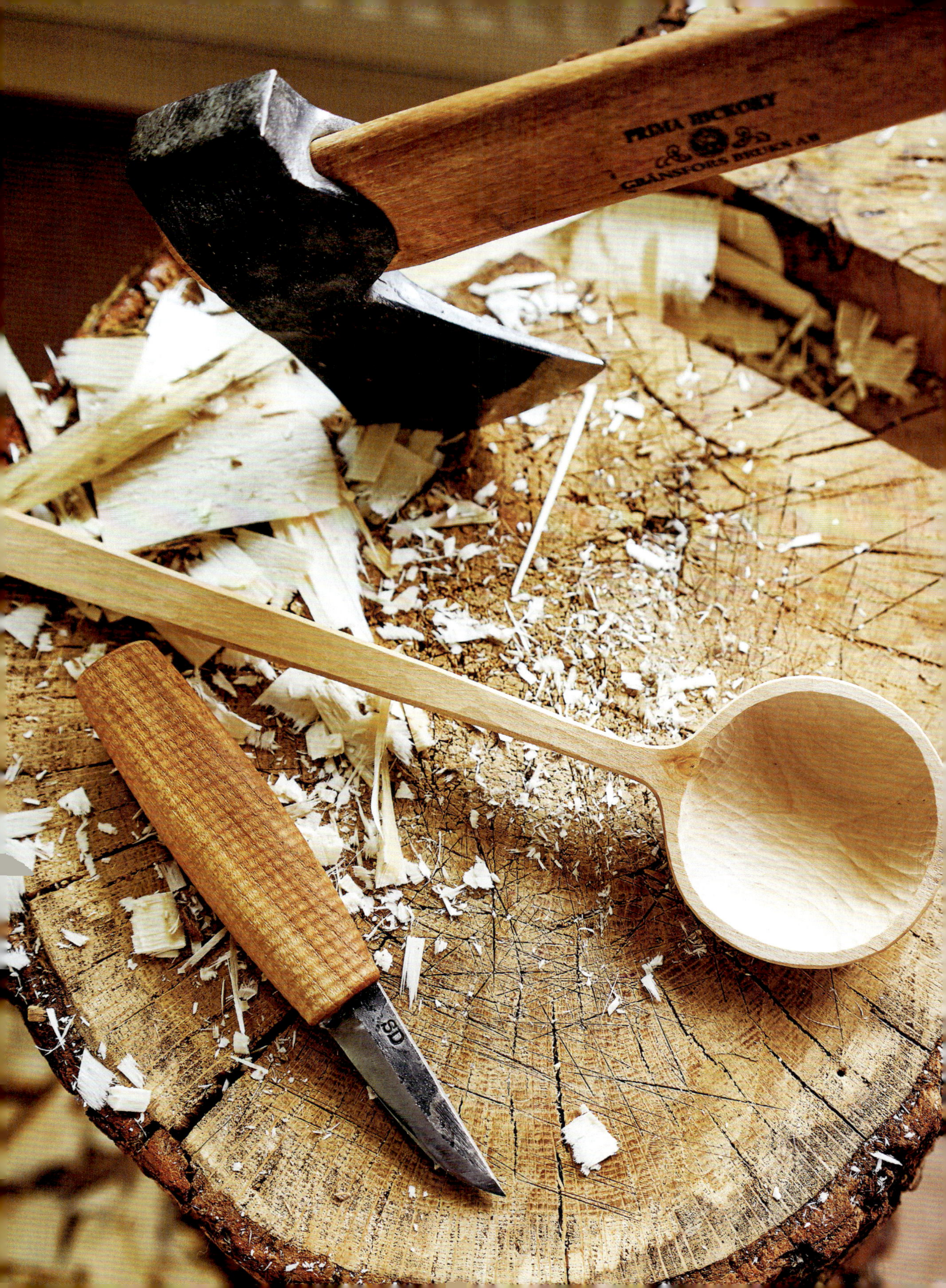
PRIMA HICKORY
GRÄNSFORS BRUKS AB
SD

Leinöl > wird aus der Leinsaat einjähriger Flachspflanzen gewonnen. Um Öl von hoher Qualität zu erlangen, müssen viele Faktoren stimmen: Saatgutsorte, Standort, Sonnenstunden, Bodenbedingungen, Erntezeitpunkt und nicht zuletzt die Methode beim Pressen und der Herstellung des Öls. Diese Wissenschaft macht es zu einem komplexen Produkt. Deswegen kann man nicht genau angeben, wie lange Leinöl zum Aushärten braucht. Manche Leinöle härten innerhalb von zwölf Stunden aus, andere innerhalb von vier Wochen, die meisten irgendwann dazwischen. Leinöl trocknet nicht, seine Aushärtung erfolgt durch Oxidation. Dabei verbindet sich der Sauerstoff mit dem Öl und wird zu einem neuen, schwereren Molekül – deswegen sind eine gute Sauerstoffzufuhr und Wärme wichtig, wenn man ein gutes und schnelles Resultat anstrebt.

Es gibt unterschiedliche Methoden, mit denen man das Öl aus den Samen presst. Kaltpressung ist die häufigste und ergibt, anders als die Warmpressung oder Extraktion, ein Öl von hoher Qualität mit geringer Verunreinigung.

Kaltgepresstes, rohes Leinöl > erhält man, wenn man es nach der Pressung in Ruhe lässt. Die Moleküle dieses Öls sind etwas kleiner und dringen tiefer ins Holz ein. Andererseits enthalten sie Proteine, Antioxidantien und Schleimstoffe, die Schimmel und anderen Pilzen als Nährboden dienen können. Küchengeräte, die mit rohem Leinöl behandelt wurden, geben mit der Zeit möglicherweise Geschmack ab. Es kann Monate dauern, bis das Öl ganz ausgehärtet ist, weil kein Sauerstoff ins Holz eindringt, der die Oxidation des Öls ermöglicht. Andererseits ist es so garantiert frei von Zusatzstoffen, was viele schätzen. Wenn das Öl einen grünlichen Farbton hat, wurden die Samen zu früh gepresst, und es kann nicht zur Oberflächenbehandlung genutzt werden.

Kaltgepresstes, gekochtes Leinöl > wurde länger auf 150–250 Grad erhitzt, wodurch viele Restprodukte darin zerstört oder abgetrennt werden. Das Öl beginnt zu oxidieren, wodurch größere Moleküle entstehen, die leichter eine Oberfläche bilden. Gekochtes Leinöl eignet sich hervorragend für die Oberflächenbehandlung, übrigens auch als Bindemittel für Leinölfarbe. Wenn du gern Leinöl verwenden möchtest, dann finden wir, dass kaltgepresstes, gekochtes Leinöl eine gute Wahl ist. Achte auf ein helles Öl ohne Bodensatz. Man kann das Öl aufhellen, indem man es im Sonnenlicht bleicht, zum Beispiel in einem Glasgefäß am Fenster oder auf dem Balkon.

Vorgehensweise > Reichlich Öl auf das Holz pinseln und mindestens eine Stunde einziehen lassen. Ab und an kann man dort, wo es eingedrungen ist, etwas mehr Öl auftragen, damit das Holz richtig gesättigt ist. Was nicht einzieht, wischt man mit einem Stofflappen ab.

Nimmt man den Überschuss nicht weg, wird das Öl hart und legt sich wie ein zäher Film auf den Gegenstand. Küchengeräte und anderes, das oft mit Feuchtigkeit in Kontakt kommt, kann man in ein Gefäß voller Leinöl stellen, damit es sich über ein paar Stunden vollsaugt. Den Überschuss abwischen und das Stück trocknen lassen. Wenn man eine schnelle Aushärtung wünscht, sollte es warm und luftig liegen. Oft wird Leinöl mit Terpentin, Waschbenzin oder anderen Chemikalien verdünnt, im Glauben, es würde dann schneller aushärten. Das Resultat hat man dann in kürzerer Zeit, aber nicht in der empfohlenen Qualität. Wir empfehlen natürliches Leinöl. Wenn es besser eindringen und dünner sein soll, kann man es auf ca. 50 Grad erwärmen und die Oberfläche mit dem warmen Öl behandeln.

Paraffinöl > ist ein geruchs- und geschmackloses Mineralöl, das oft bei der Oberflächenbehandlung von Küchenarbeitsflächen und Schneidbrettern genutzt wird. Es eignet sich also gut, wenn es um Essgeschirr oder Ähnliches geht. Es härtet allerdings nicht aus, sondern macht das Holz nur fett und dadurch wasserdicht.

Danish Oil > ist ein Favorit für Dinge, die nicht zum Kochen oder Essen verwendet werden. Es härtet schnell aus und dringt tief ein. Danish Oil ist eine Mischung aus Tungöl, Harzen und anderen pflanzlichen Ölen, die ins Holz eindringen und es vor Feuchtigkeit und Fäulnis schützen. Es legt sich nicht wie ein Film auf das Holz, wie zum Beispiel Wachs und Lack und die Oberfläche bleibt größtenteils unverändert. Die Farbnuance des Holzes wird durch das Ölen etwas dunkler, aber es behält im Grunde dieselbe Farbe wie vorher. Das Öl mit einem Pinsel oder einem Lappen auftragen, ein paar Minuten einziehen lassen und dann den Überschuss abwischen. Nach sechs Stunden ist das Öl ausgehärtet und man kann noch eine Schicht Öl aufbringen. Die Lappen, mit denen das Öl verteilt oder abgewischt wurde, können sich in seltenen Fälle selbst entzünden. Lass sie also an einem sicheren Platz trocknen oder wasch sie mit Wasser aus.

Tungöl > Tungöl wird aus den Samen des chinesischen Tungbaums, *Vernicia fordii*, gewonnen. Es härtet an der Luft aus und wird mit dem Alter nicht dunkler. Anders als viele andere Öle ist es wohl auch weniger schimmelanfällig als zum Beispiel Leinöl. Der gesamte Tungbaum ist giftig, auch die Früchte und Samen und damit auch das Öl, das daraus gepresst wird. Wegen dieser Giftigkeit ist es also besser, bei Dingen, die mit Lebensmitteln in Berührung kommen, Leinöl zu verwenden.

Das Holz

Alles beginnt mit dem Baum. Groß, klein, schief oder gerade. Ein Baum auf einem Dorfplatz, der seit Generationen das Leben der Menschen dort begleitet, ist ein mächtiges Symbol. Die Jahresringe in einem ausgewachsenen Baum bezeugen, wie ein Baum im Wald um seinen Platz gekämpft hat und sich mit jeder Saison würdevoller gegen die Umwelt durchgesetzt hat.

Die Wurzeln des Baums saugen Wasser auf, das dann durch das Splintholz im Baum transportiert wird. Unter dem Splintholz liegt das Kernholz und ganz innen das oft etwas poröse Mark. Wenn die Fotosynthese ihren Zauber im Blatt gewirkt und mithilfe des Sonnenlichts Wasser und Kohlendioxid zu Kohlenhydraten verwandelt hat, entsteht der Baumsaft, der im Bast durch den Baum transportiert wird. Vom Bast aus nach innen zum Baumkern verlaufen Holzstrahlen, die den Holzkörper mit Wasser und Nährstoffen versorgen. Diese Holzstrahlen gibt es in allen Bäumen, aber sie sind nur in einigen sichtbar. Schauen Sie sich einmal ein Stück Eiche wie auf Seite 54 an. Die Holzstrahlen sind deutlich zu erkennen.

Die offensichtliche Aufteilung im Wald geschieht zwischen Laub- und Nadelbäumen, aber es ist auch interessant, darüber hinaus den Unterschied zwischen ring- und zerstreutporigen Bäumen zu kennen. Dafür müssen wir genauer hinsehen als nur auf Blätter und Nadeln und uns mit Jahresringen und sogar mit Zellstrukturen befassen. Ein Jahresring entsteht innerhalb einer Saison: In der ersten Hälfte der Wachstumssaison wächst Frühholz und in der zweiten Spätholz. Frühholz von ringporigen Laubbäumen wie Eiche, Ulme und Esche besteht aus großen Zellen, das Spätholz dagegen aus kleineren. Die ringporigen Baumarten haben große Gefäße im Frühholz und kleinere Gefäße im Spätholz. Deshalb ist die Dichte des Holzes ungleichmäßig. In der Praxis sollte der Schnitzer deshalb diese Holzarten für Projekte mit fein geschnitzten Details wie die Kämme auf Seite 110 meiden. Das Verhältnis von Früh- zu Spätholz bei Nadelbäumen spielt ebenfalls eine wichtige Rolle – dichte Jahresringe bedeuten einen geringeren Anteil an Frühholz mit verminderter Dichte und letztlich stärkeres Holz.

HIER FOLGT …

… eine Auswahl an Bäumen, die für den Schnitzer von Interesse sind. Denke aber daran, dass du natürlich nicht einfach im Wald Bäume fällen oder Äste absägen darfst, es sei denn, du bist der Waldbesitzer.

Ahorn. Er ist mit seinem goldenen und roten Laub der Herbstbaum Nummer 1. Ahornholz ist recht hart, hat feine Jahresringe und sichtbare Holzstrahlen und stellt ein beliebtes Schnitzholz dar, obwohl es schwer zu spalten ist. Traditionell wird Ahorn für Möbel genutzt, aber auch für Kellen und anderen Hausrat.

Birke. Mit ihrem weißen Stamm wird sie gern etwa als nostalgischer Maibaum romantisiert. Und das zu Recht, denn als Schnitzholz ist Birke perfekt. Ihr Holz ist weich, aber haltbar. Man kann aufwendige Muster in Birkenholz schnitzen, ohne befürchten zu müssen, dass ein Detail zerbricht.

Es gibt verschiedene Birkenarten und zu den häufigsten gehören Hängebirke und Moorbirke. Aber im Handel werden alle Arten schlicht als Birke verkauft. Die Rinde der Hängebirke ist glatt und nicht so krustig wie die der Weißbirke. Zollstöcke zum Beispiel werden fast ausschließlich aus Hängebirke hergestellt, sie gilt als etwas leichter zu bearbeiten und weniger knorrig als Moorbirke. Es gibt auch extrem knotige Birken, deren komplizierte Farbveränderungen Schnitzer sehr begeistern. Die knollenartigen Wucherungen der Moorbirke heißen Maserknolle. In ihnen verbergen sich erstaunliche Texturen, die sie für das Schnitzen interessant machen.

So gut sich Birke für die Bearbeitung mit dem Schnitzmesser eignet, so schlecht hält sie Regen und Unwetter stand. Wenn du also etwas für den Außenbereich herstellst, empfiehlt sich ein Holzschutz vor Fäulnis. Das Gleiche gilt, wenn du eine Birke fällst. Lässt du sie im Freien auf dem Boden liegen, verrottet der Baum schnell.

Buche. Die Rotbuche ist der häufigste Laubbaum Deutschlands. Wenn sie in Ruhe wachsen darf, wird sie sehr hoch – die höchste steht aktuell in Hessen und misst knapp fünfzig Meter.

Das Holz ist gleichmäßig und hart, und weil man große, astreine Abschnitte erhalten kann, wird es gerne für den Möbelbau benutzt. Cocktailstäbe und Speiseeisstiele werden aus Buche gefertigt, einfach weil das Holz weder Geschmack noch Duft hat. Misslingt ein Projekt aus Buche, kann es ein Trost sein, zu wissen, dass Buchenholz ein ideales Brennholz ist. Holzkohle besteht üblicherweise ebenfalls aus Buche.

BAUMARTEN

1. Apfel
2. Buche
3. Hasel
4. Ulme
5. Kirsche
6. Goldregen
7. Birke
8. Eiche
9. Espe

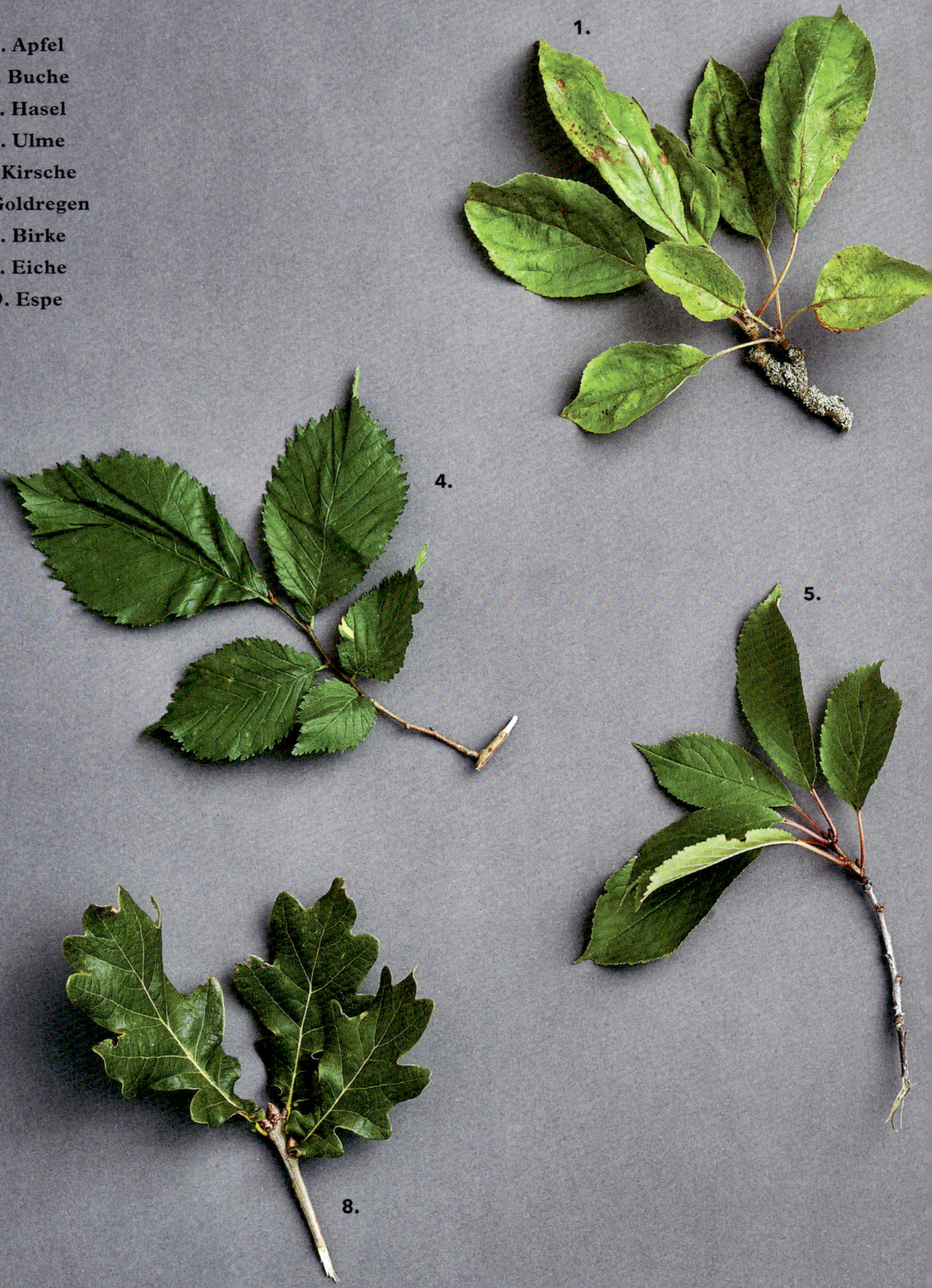

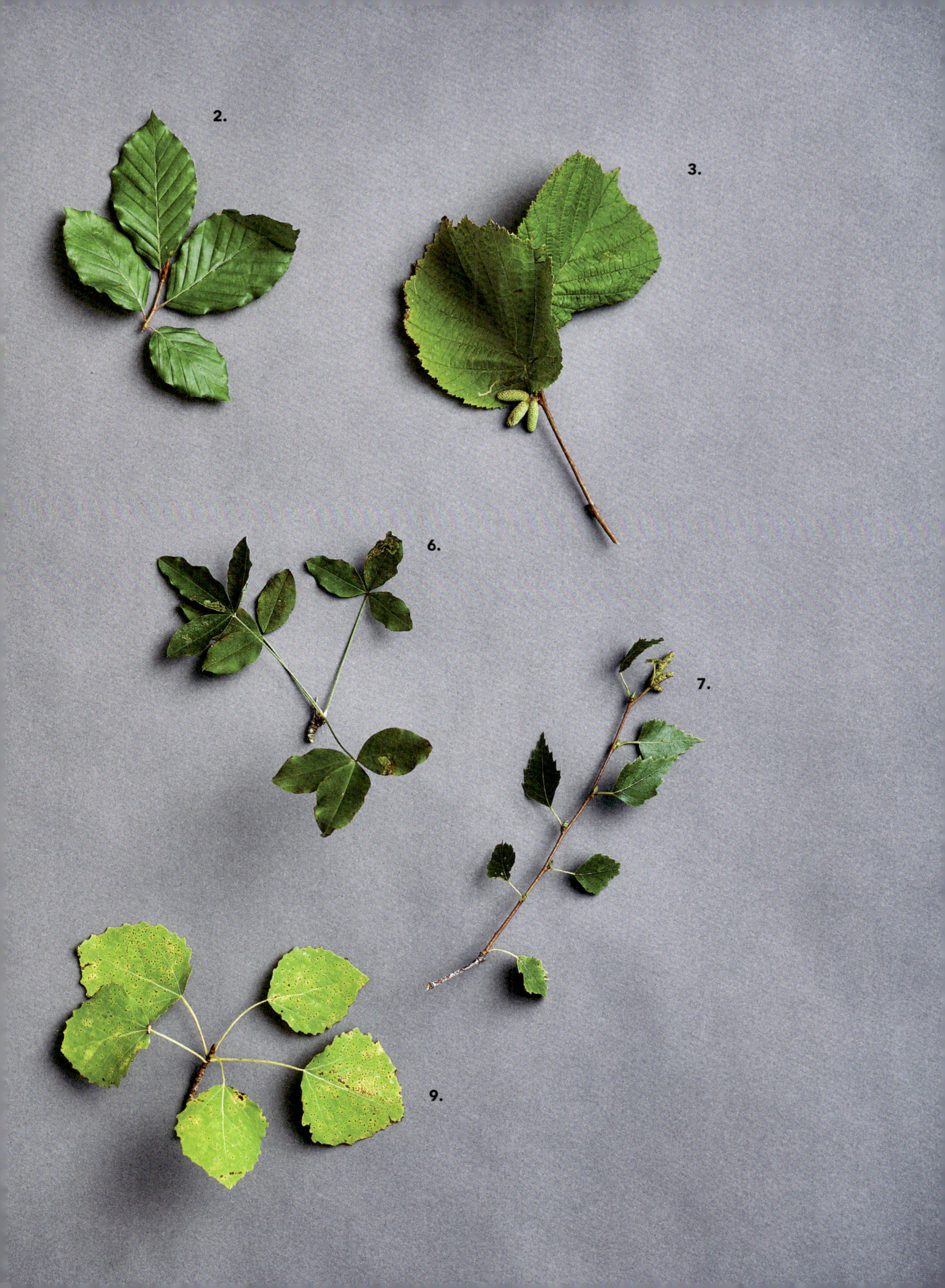
2.
3.
6.
7.
9.

Eiche. Um sie ranken sich viele Mythen, von Friedenseichen über Eichenlaub in Wappen bis zu den Eicheln auf deutschen Kartenspielen. Viele alte, große Eichen tragen daher sogar Namen, wie die Kattholzeiche in Schleswig-Holstein, die mit 13,16 Meter Stammumfang die dickste Eiche in Deutschland ist.

Eiche hat zwar einen ausgezeichneten Ruf, aber für den Schnitzer ist sie ein sehr hartes Material und macht vor allem dem Anfänger Mühe. Doch die Härte bedeutet nicht, dass Eichenholz auch robust ist – durch die Ringporigkeit ist es eher zerbrechlich. In ihm sind die Holzstrahlen deutlich sichtbar.

Erle. Sie ist der einzige Laubbaum, der Zapfen produziert. Bei uns gibt es zwei Arten: Grauerle und Schwarzerle. Auch in die Literatur ist die Erle eingegangen, man denke nur an den berühmten Erlkönig von Goethe. Erlen wachsen gern am Wasser und ihr Holz ist sehr feuchtigkeitsbeständig. Es ist ein klassisches Schnitzholz. In Schweden auch deshalb, weil Döderhultaren (siehe Seite 57) seine Werke aus Erle hergestellt hat. Sie eignet sich für Figuren, ist aber auch das Lieblingsmaterial für Holzschuhe.

Esche. Eschenholz ist kräftig und zäh und wird deswegen zum Beispiel für Axtgriffe und Parkettböden genutzt. Es ist relativ schwer zu schnitzen, achte also auf ein richtig scharfes Messer. Je breiter die Jahresringe, umso kräftiger ist das Holz, aber auch umso schwerer zu bearbeiten. Der Baum kann beeindruckend hoch wachsen, doch genau wie die Ulme ist die Esche wegen Krankheit gefährdet, in diesem Fall ist das Eschentriebsterben das Problem. In der nordischen Mythologie ist eine Esche der Weltenbaum „Yggdrasil“, der sich über den gesamten Himmel erstreckt.

Espe. Den Ausdruck „zittern wie Espenlaub“ gibt es nicht ohne Grund, die Espe ist leicht zu erkennen an ihren runden Blättern mit Wellenrand und langen Blattstiel, die sich beim geringsten Windhauch bewegen. Sie hat nicht gerade den besten Ruf, vielleicht weil sie Schösslinge treibt wie Unkraut – aber als Schnitzholz ist sie nicht zu verachten, ihr hübsches weißes Holz lässt sich mühelos schneiden. Aus kleineren Espen kann man sehr gut Astdosen machen.

Fichte. Wegen ihrer wirtschaftlichen Bedeutung wird die Fichte auch der Brotbaum der Forstwirtschaft genannt. Sie hat mehr Äste als eine Kiefer, und zwar viele kleine und harte. Fichten brauchen echte Winter, um stark zu werden. Wie schnell sie wachsen, sieht man am Abstand der Jahresringe. In den dunklen Ringen befindet sich das Harz. Je enger die Ringe beieinanderstehen, umso kräftiger ist das Holz. Das helle und recht weiche Fichtenholz wurde für den Geigenbau verwendet, aber wenn du nicht gerade eine Stradivari schnitzen willst, eignet sich das Holz auch gut für einen Besenstiel.

Goldregen. Der Baum gehört zu den Hülsenfrüchtlern und deshalb fällt er in dieser Sammlung ein wenig aus der Reihe. Er ist natürlich deswegen dabei, weil sich sein Holz ideal für das Schnitzen eignet. Man kann auch eine hübsche und suggestive Farbzeichnung in ihm zutagefördern. Dass Goldregen in allen Teilen giftig ist, wissen wohl die meisten. Das Holz ist daher nur etwas für besonders Mutige. Schleifstaub und -späne können allergen sein und man sollte Goldregen daher nicht für Kochutensilien verwenden.

Haselnuss. Sie wächst anders als andere Bäume. Die Triebe stehen dicht nebeneinander und bilden eine dichte, strauchartige Gruppe mit geraden, schlanken Stämmen ohne viele Äste – perfekt also für die Verwendung als Schnitzmaterial. Das Holz ist recht weich, aber zugleich zäh. Ebenfalls eine gute Voraussetzung für den Schnitzer. Die Holzstrahlen sind oft deutlich sichtbar. Haselzweige sind robust und biegsam, weshalb sie früher für Körbe und Fässer verwendet wurden. Die meisten Haselnusssträucher, die man sieht, sind recht klein, aber es gibt auch ältere, baumartige Exemplare von beeindruckender Größe. Eine Besonderheit der Hasel ist, dass sie bereits im März oder April mit Kätzchen an kahlen Zweigen blüht.

Kiefer. Die Farbe ihres Holzes liegt zwischen rötlichbraun und gelb. Weil ihr Kernholz harzig ist, rußt Kiefernholz stark, wenn man es anzündet. Doch genau wegen des hohen Harzanteils ist das Holz in Maßen beständig gegen Fäulnis. An einem Stück Kiefernholz sieht man die Jahresringe deutlich, das Frühholz ist heller und das Spätholz dunkler und harziger.

Eine Kiefer, die an einem exponierten Standort, z. B. am Meer, wächst, wird knorrig und windzerzaust und manchmal auch als Krüppelkiefer bezeichnet. Auch Kiefern, die in weniger exponierten Lagen wachsen, sind oft verdreht – was es schwieriger macht, sie fein zu spalten. Traditionell wurde die Kiefer für den Bau von Häusern, Schiffen und einfachen Möbeln verwendet – und in den 1970er Jahren natürlich auch für die Gestaltung des Partykellers.

Linde. Sie können Riesen von bis zu 30 Metern und mit Glück tausend Jahre alt werden. Ihr Holz lässt sich leicht bearbeiten und der Baum hat eine gerade Wuchsform – kein Wunder, dass Lindenholz zu den Lieblingen der Schnitzer und Bildhauer gehört. Für Konstruktionen, die robust sein müssen, ist das Holz zu weich und leicht, aber als Schnitzholz ist es ideal. Im Querschnitt ist es schwer, das Kern- vom Splintholz zu unterscheiden.

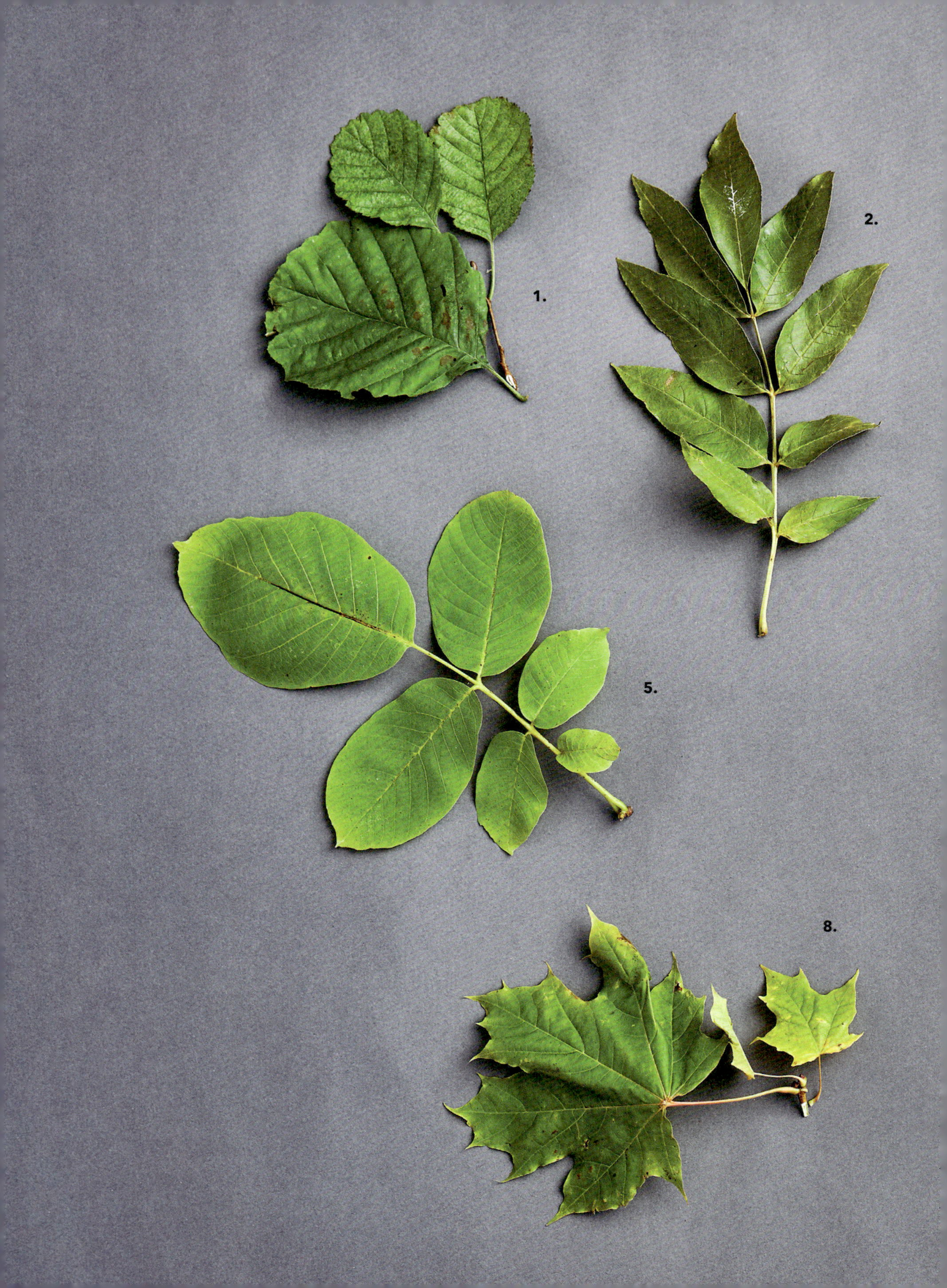
1.
2.
5.
8.

BAUMARTEN

1. Erle
2. Esche
3. Birne
4. Kiefer
5. Walnuss
6. Wacholder
7. Tanne
8. Ahorn
9. Linde

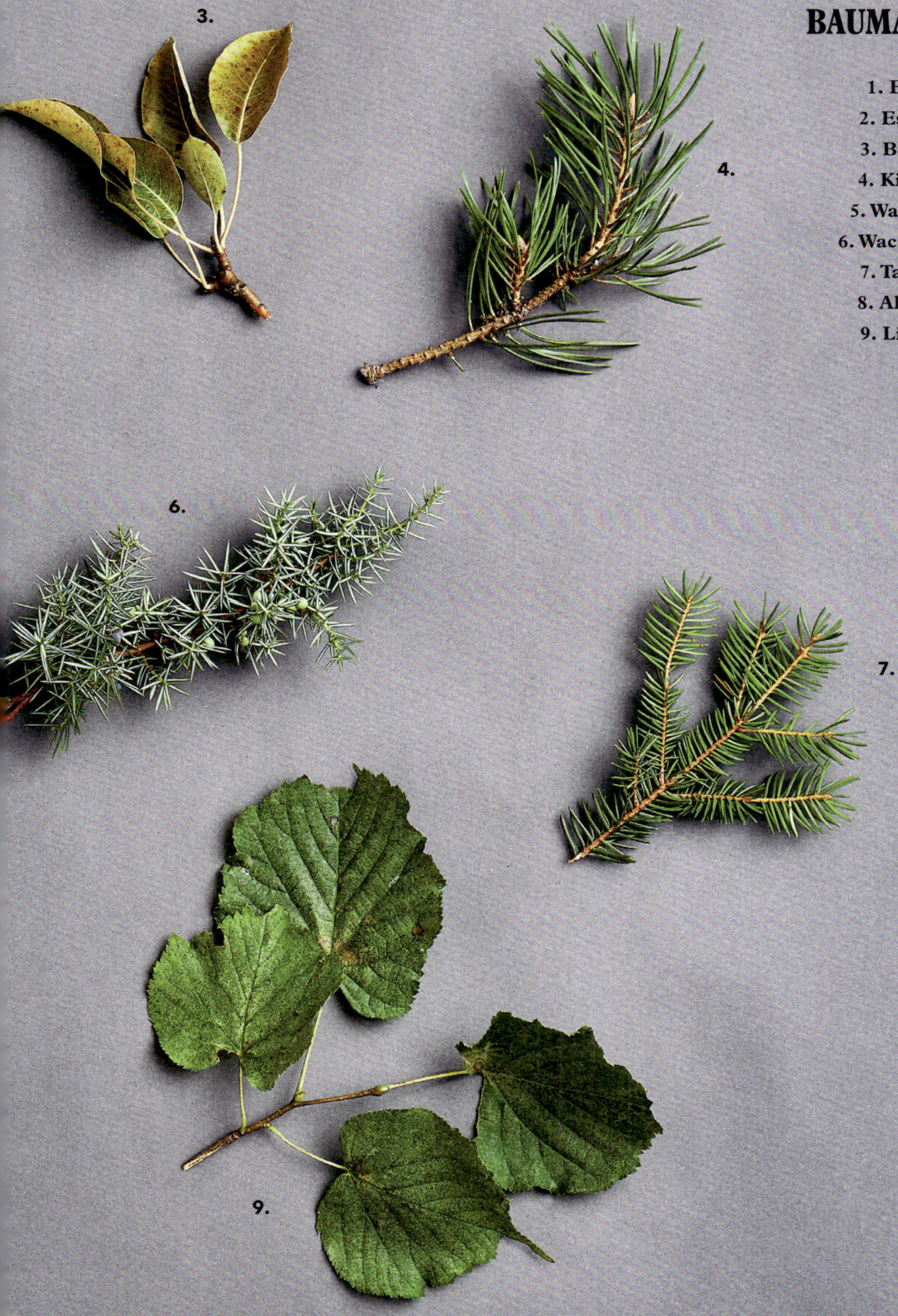

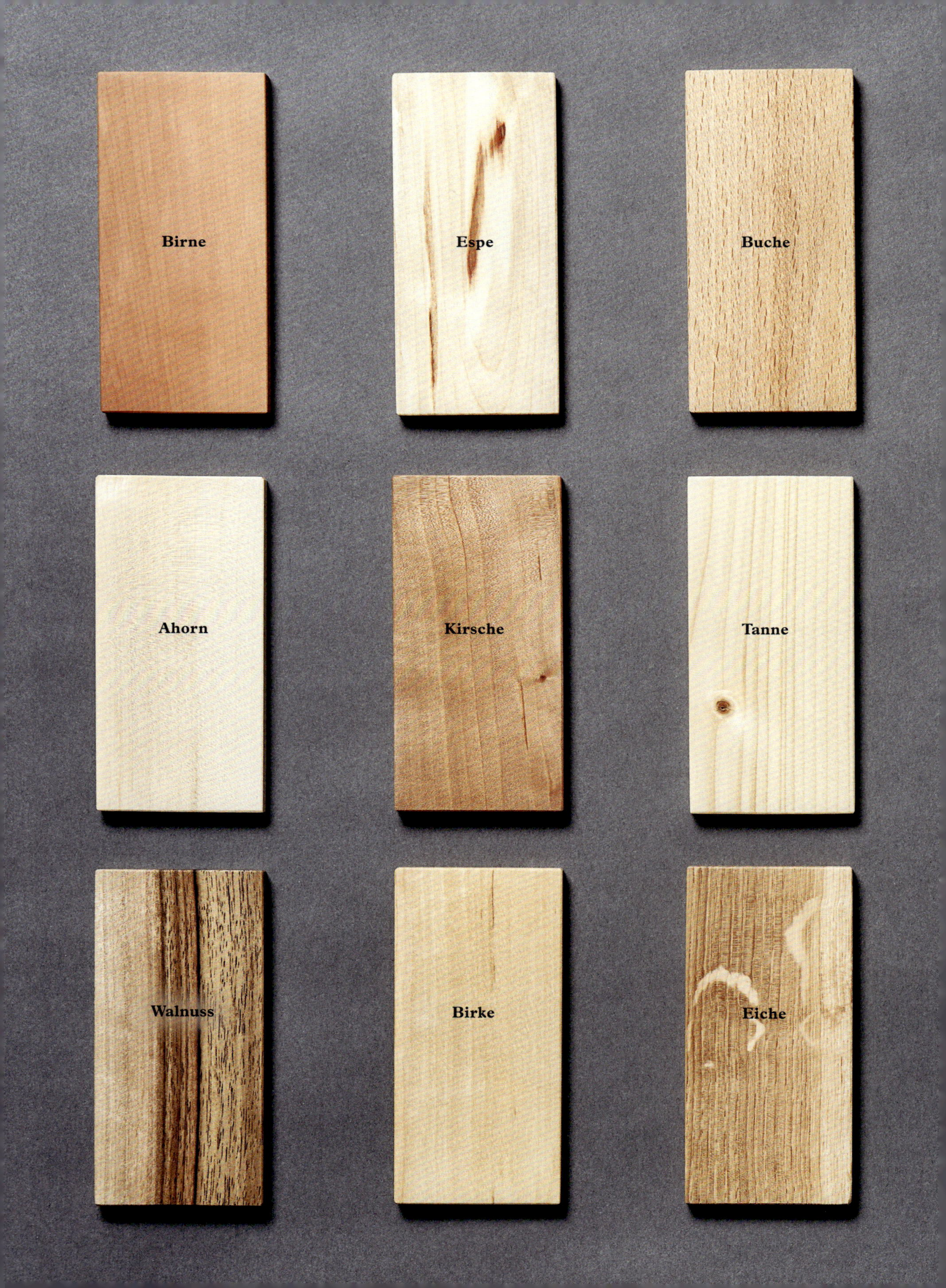
Birne
Espe
Buche
Ahorn
Kirsche
Tanne
Walnuss
Birke
Eiche

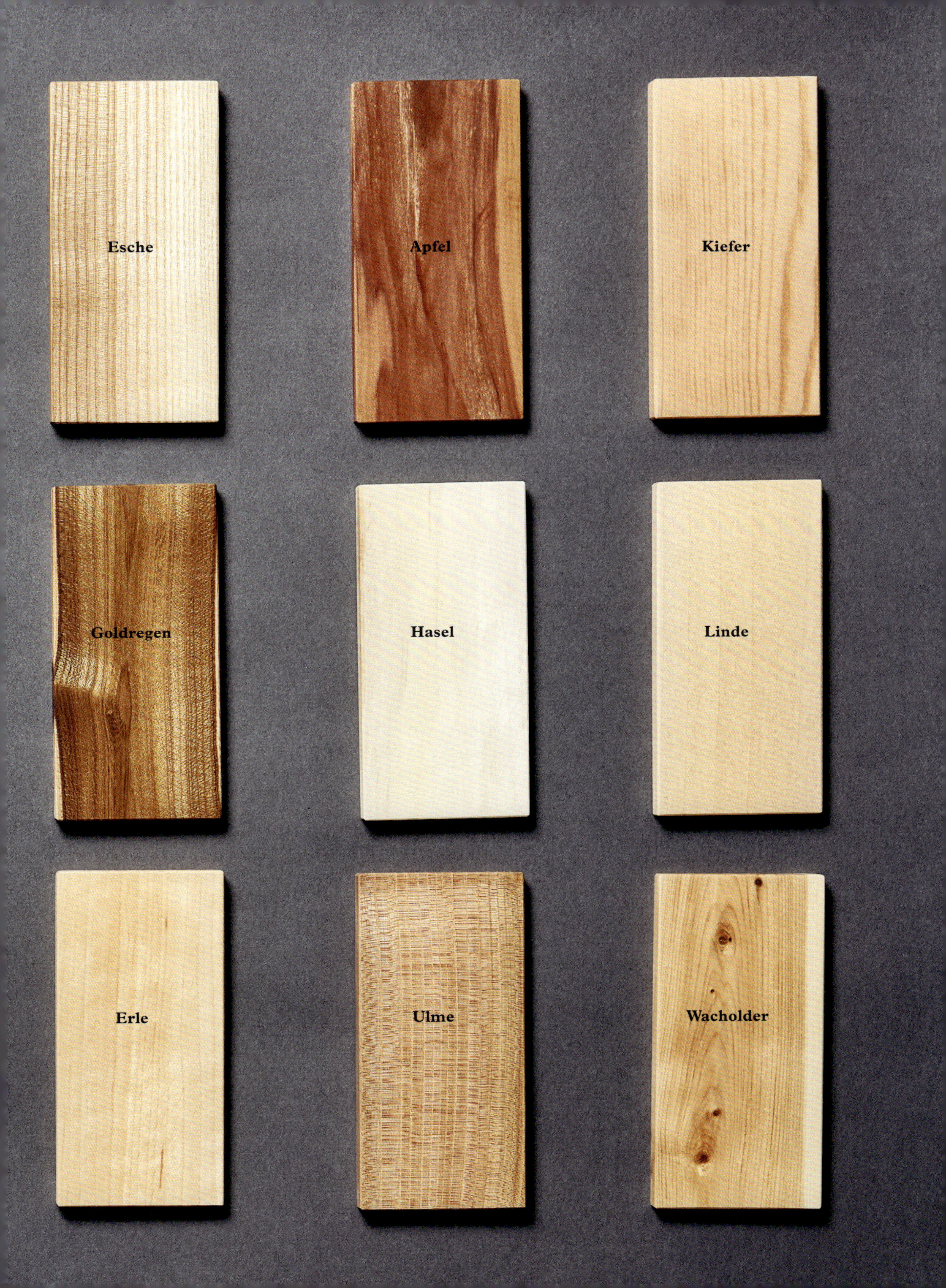
Esche
Apfel
Kiefer
Goldregen
Hasel
Linde
Erle
Ulme
Wacholder

Obstbäume. Apfel, Birne, Pflaume und Kirsche sind eine Quadriga, die für harte und recht schwere Schnitzerlebnisse steht. Die Bäume sind oft verbogen und knorrig, was das Spalten schwer macht. Die Drehwüchsigkeit ist eine gute Voraussetzung für die Verwendung als Klüpfel, den man zusammen mit einem Beil zum Spalten von Stämmen oder mit einem Beitel zum Bearbeiten immer gut gebrauchen kann.

Für das Schnitzen geeignet ist auch die Vogelbeere, die wild wächst und an einen Kirschbaum erinnert. Ihr Holz ist weicher, als das anderer Obstbäume und lässt sich gut spalten. Das Holz ist im Kern hübsch gelbrot und zum Splintholz hin heller. Manchmal ist der Farbkontrast sehr groß, was zu schönen Effekten führt.

Ulme. Die Ulme verträgt Kälte besser als die übrigen Edellaubbäume, deswegen findet man sie auch oft in Nordeuropa. Leider leidet die Art stark am Ulmensterben, einer Krankheit, die von einem Pilz hervorgerufen wird. Das ringporige Holz ist schwer und hart und die Fasern oft verdreht. Starke Hände und Sturheit sind beim Schnitzen von Ulmenholz ratsam. Traditionell wurde Ulmenholz wegen seiner Langlebigkeit unter anderem für Mühlräder und Schiffskiele verwendet.

Wacholder. Einer der am meisten verbreiteten Nadelbäume der Welt. Er sieht oft wie ein Busch aus, aber an manchen Orten wird er bis zu 15 Meter hoch. Oft gilt Wacholder als bestes Holz zum Schnitzen. Und auch wenn es das klassische Material für Buttermesser ist, so kann es für einen Anfänger ziemlich frustrierend sein, wenn das Holzstück sehr verbogen und voller Äste ist. Wenn man aber etwas Übung hat, macht es Spaß, Wacholder zu beschnitzen. Das Holz hat eine ansprechende Maserung und erfreut den Schnitzer bei der Arbeit mit seinem fantastischen Duft.
Traditionell wurden aus Wacholderholz in Schweden nicht nur Buttermesser geschnitzt, sondern auch anderes für die Tafel wie Butterdosen, Schalen und Bierkrüge hergestellt.

Walnuss. Es gibt zwei Sorten: die Schwarznuss und die viel häufigere Echte Walnuss. Auch wenn Nussbaum ein begehrtes Edelholz ist, baut man ihn um seiner Nüsse willen an und nicht für die Holzproduktion. Der Baum wird auch nicht gefällt, sondern muss mit dem Wurzelstock ausgegraben werden. Sein Holz findet Verwendung bei Einrichtungsschnitzereien und als Furnier. Es ist hart und schwer zu schnitzen, bietet aber wunderschöne Farbtöne.

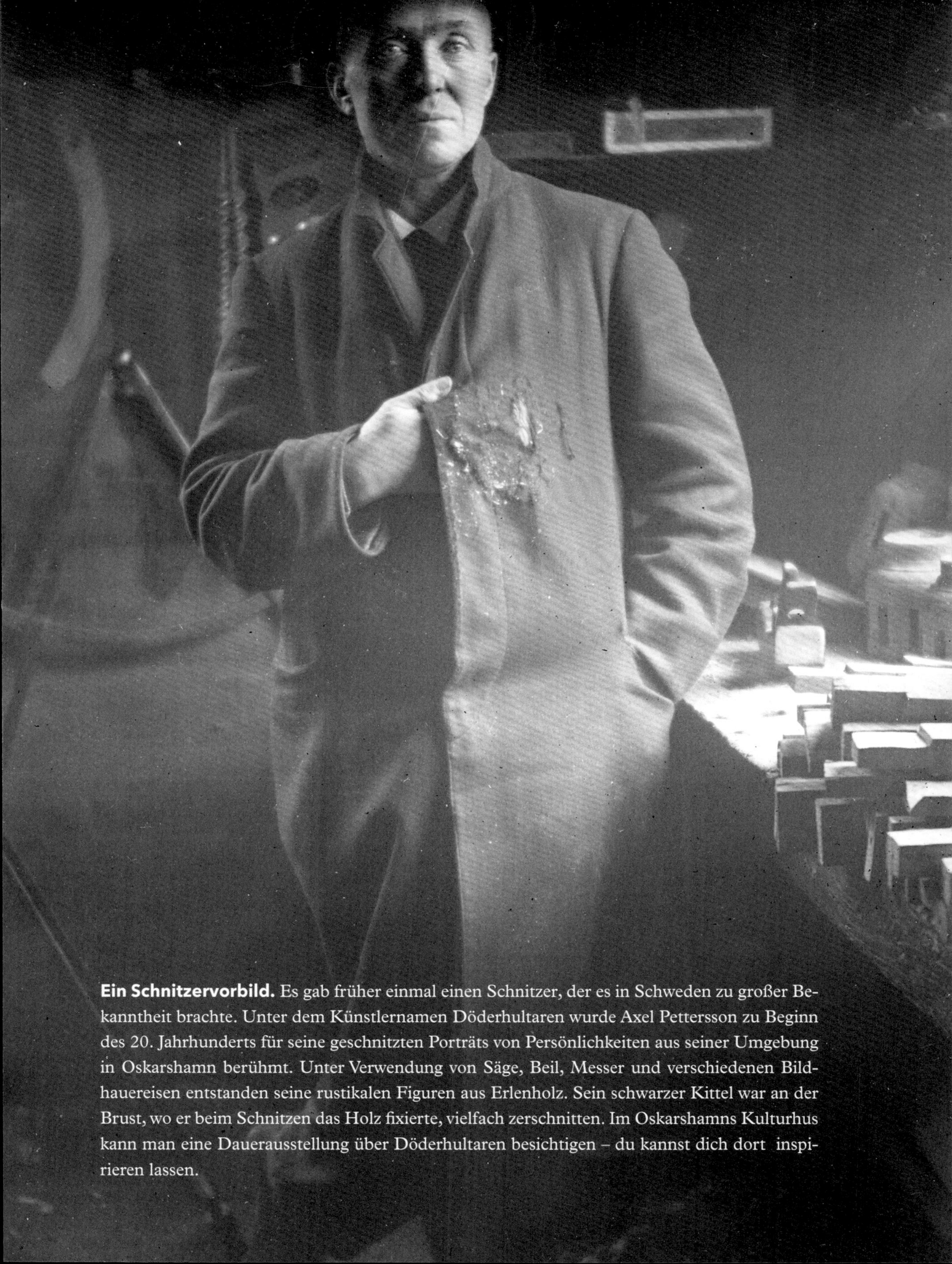

Ein Schnitzervorbild. Es gab früher einmal einen Schnitzer, der es in Schweden zu großer Bekanntheit brachte. Unter dem Künstlernamen Döderhultaren wurde Axel Pettersson zu Beginn des 20. Jahrhunderts für seine geschnitzten Porträts von Persönlichkeiten aus seiner Umgebung in Oskarshamn berühmt. Unter Verwendung von Säge, Beil, Messer und verschiedenen Bildhauereisen entstanden seine rustikalen Figuren aus Erlenholz. Sein schwarzer Kittel war an der Brust, wo er beim Schnitzen das Holz fixierte, vielfach zerschnitten. Im Oskarshamns Kulturhus kann man eine Dauerausstellung über Döderhultaren besichtigen – du kannst dich dort inspirieren lassen.

TEIL 2 X PROJEKTE

Buttermesser und Pfannenwender

Fast jeder Schwede schnitzt irgendwann einmal in der Schule ein Buttermesser, in Schweden eine klassische Handarbeit. Hannes hat sein erstes Buttermesser in der dritten Klasse angefertigt – ein Stück Wacholderholz wurde mit Säge, Feile und Schleifpapier in drei verschiedenen Körnungen bearbeitet. Der Prozess dauerte lange, fast ein halbes Schulhalbjahr, und nach all den Stunden des Schleifens und Polierens war die Form am Ende so vage, dass man Griff und Klinge kaum unterscheiden konnte. Zehn Jahre später hat Hannes wieder ein Buttermesser geschnitzt. Dieses Mal aus frischer Birke und mit Axt und Messer, was deutlich schneller ging.

Viele finden, dass ein Buttermesser unbedingt aus Wacholder hergestellt werden sollte. Er hat schönes Holz, das gut duftet und Feuchtigkeit und Fäulnis widersteht. Es ist allerdings ein Busch, was bedeutet, dass das Holz sehr astig ist. Der Stamm ist selten rund und gerade, sondern stark strukturiert und oft verdreht, als sei der Busch beim Wachsen langsam rotiert. Kurz, eine schlechte Holzwahl für einen Anfänger. Entscheide dich also lieber für das frische Holz eines gerade gewachsen und astreinen Laubbaums. Ist es nicht erhältlich, dann lässt sich dein Projekt auch gut mit einem Birkenholzscheit verwirklichen.

Bei gekauften Buttermessern sind Griff und Klinge oft gleich dick. Wenn man aber den Griff mindestens doppelt so dick macht wie die Klinge, wird das Messer viel stabiler. Natürlich kannst du das fertige Buttermesser einölen, aber im Grunde erledigt die Butter das Einfetten.

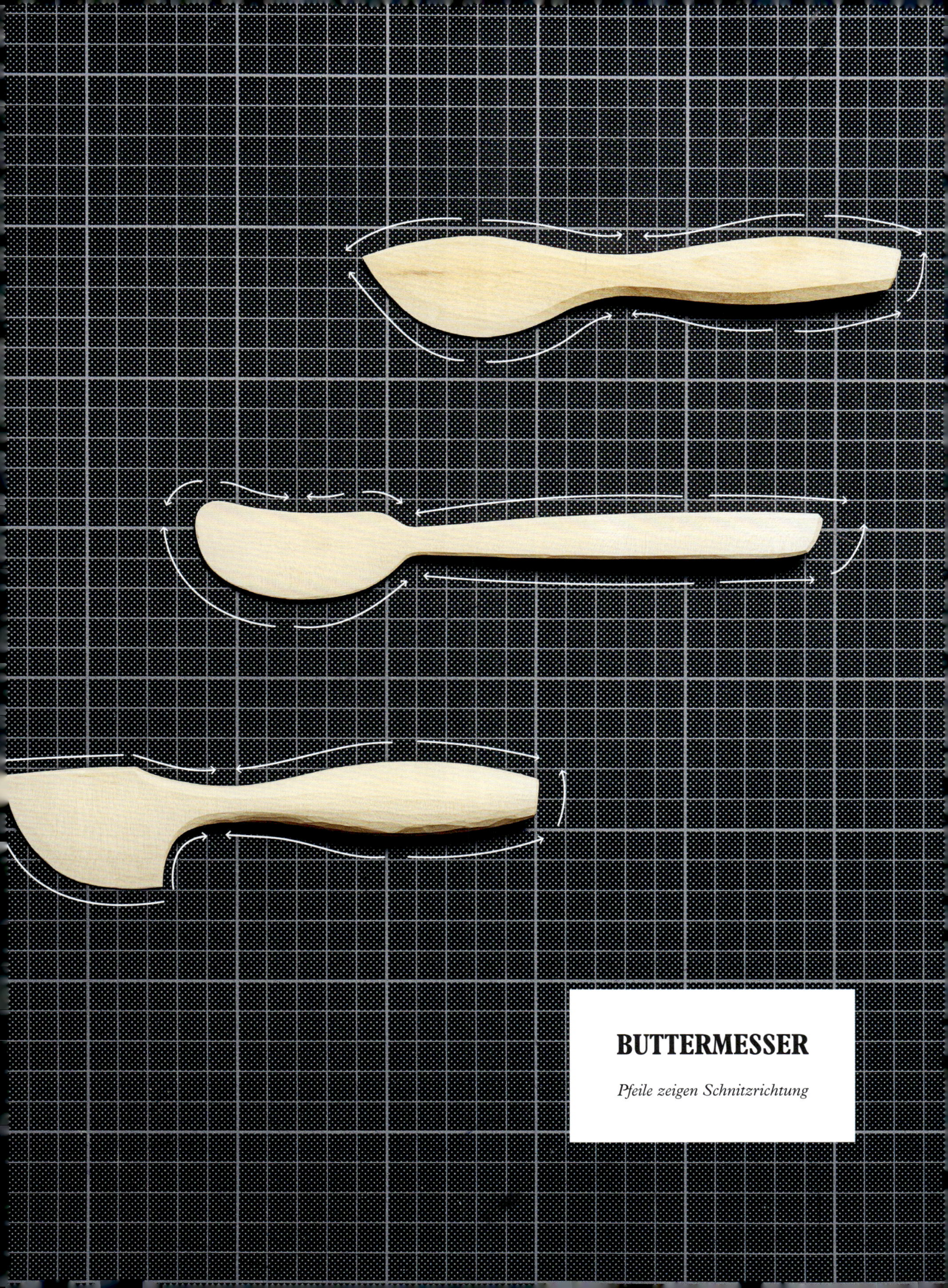

BUTTERMESSER

Pfeile zeigen Schnitzrichtung

BUTTERMESSER

Frisches oder trockenes, gerades Holzstück

Beil • Messer

SO GEHT'S

1. Einen rechteckigen gerade und astrein Rohling auf ca. 20 x 5 x 1,5 cm zurecht hacken. Die Oberflächen mit dem Beil glätten. Die Buttermesserform direkt auf das Holz zeichnen. Achte darauf, dass sie möglichst den Fasern folgt.

2. Die Form grob mit dem Beil anlegen. Nur wenig wegnehmen und vorsichtig bis an die Linien vorarbeiten. In Faserrichtung hacken, nicht dagegen – sonst reißt das Holz.

3. Die Konturen mit dem Messer herausarbeiten. Das Buttermesser formen: Den Griff dick lassen und dann zur Klinge hin dünner werden. Den Klingenrücken schnitzen, bis er 3–4 mm dick ist, dann zur Schneide hin ausdünnen. Das Buttermesser eckig lassen, bis beide Seiten gleich sind und dir die Proportionen gefallen. Wenn man schon vorher rundet, hier und da ein bisschen schnitzt, verliert man leicht die Form.

4. Am Schluss den Griff formen und die Kanten abschrägen, damit das Buttermesser gut in der Hand liegt.

1.

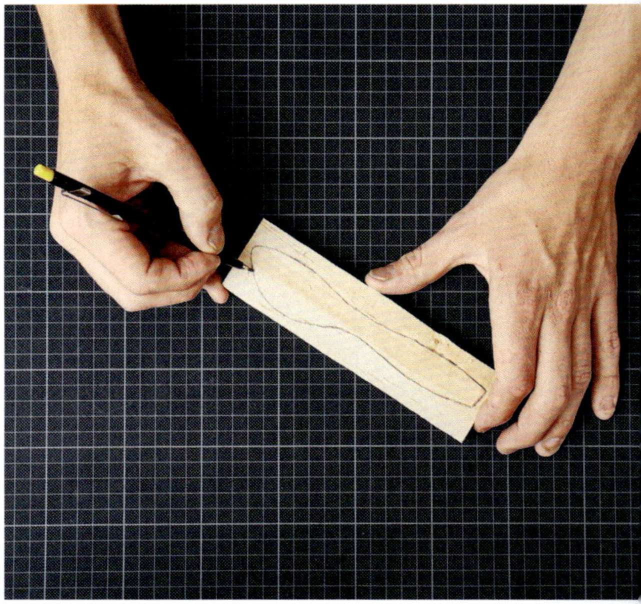

2.

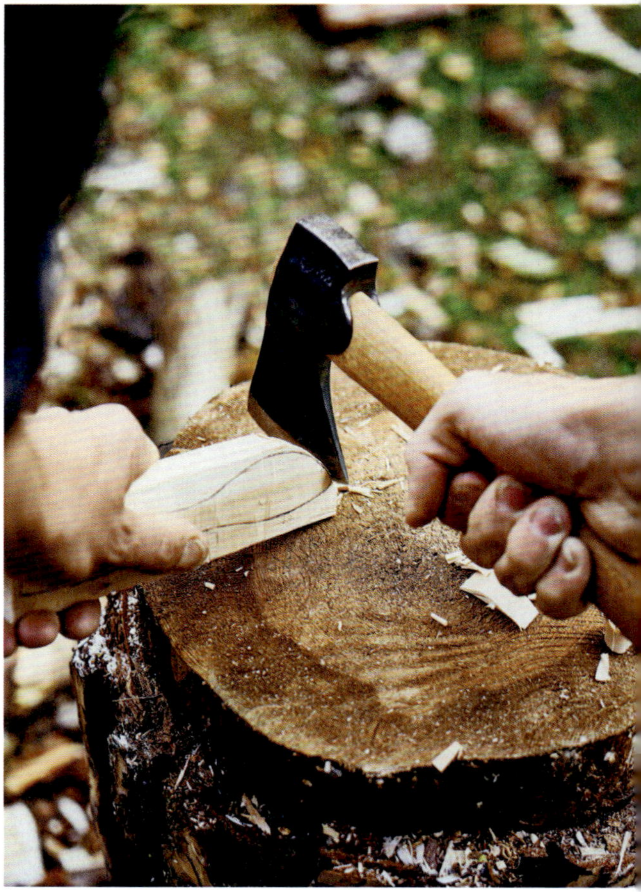

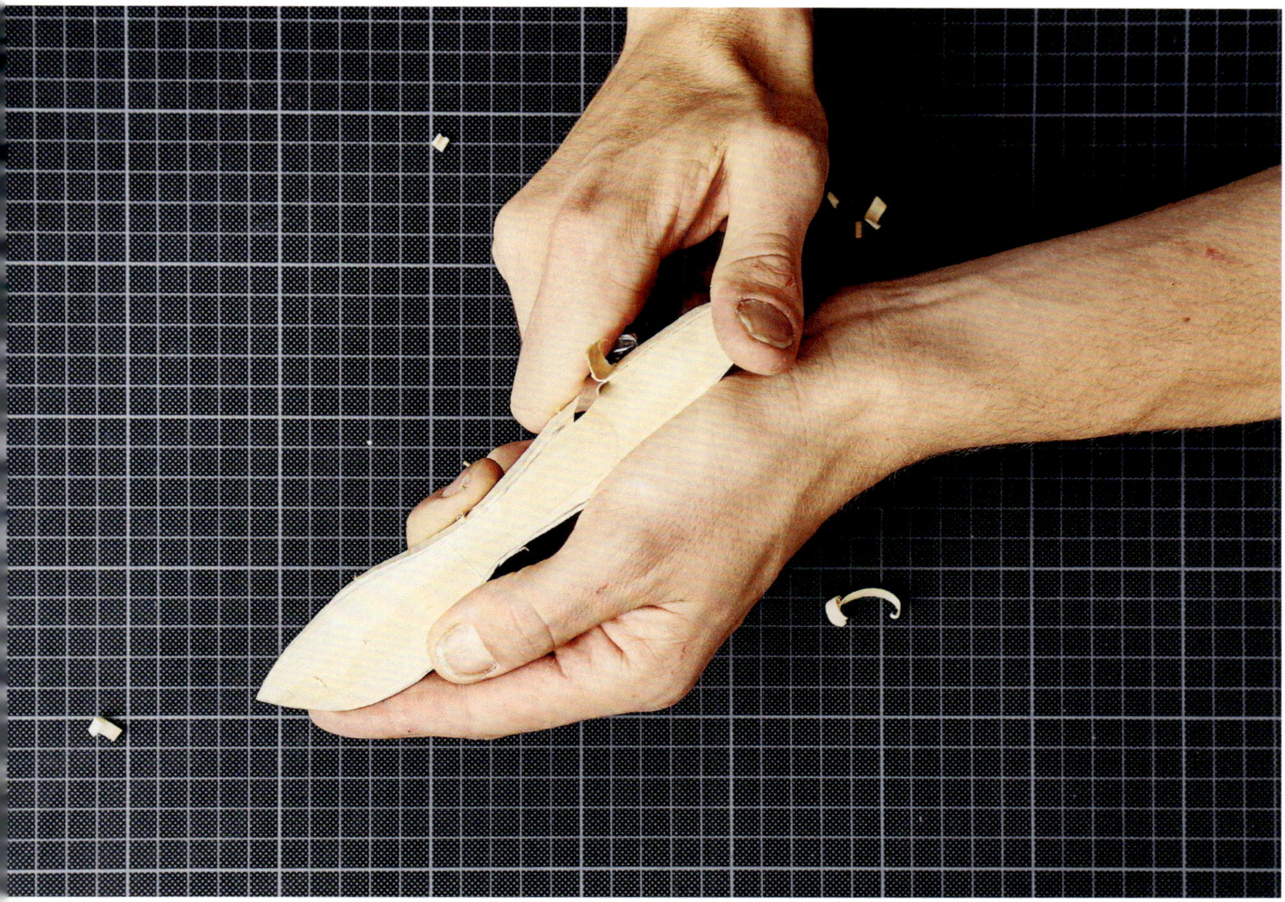

3.

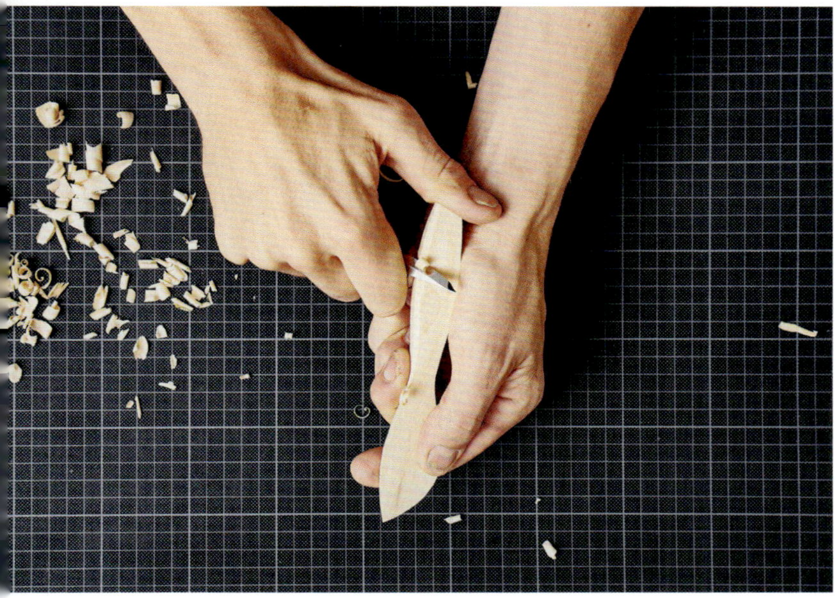

4.

TIPP!

Als Anfänger erzielt man die besten Ergebnisse, wenn man systematisch vorgeht. Beende den begonnenen Schritt, bevor du mit dem nächsten beginnst.

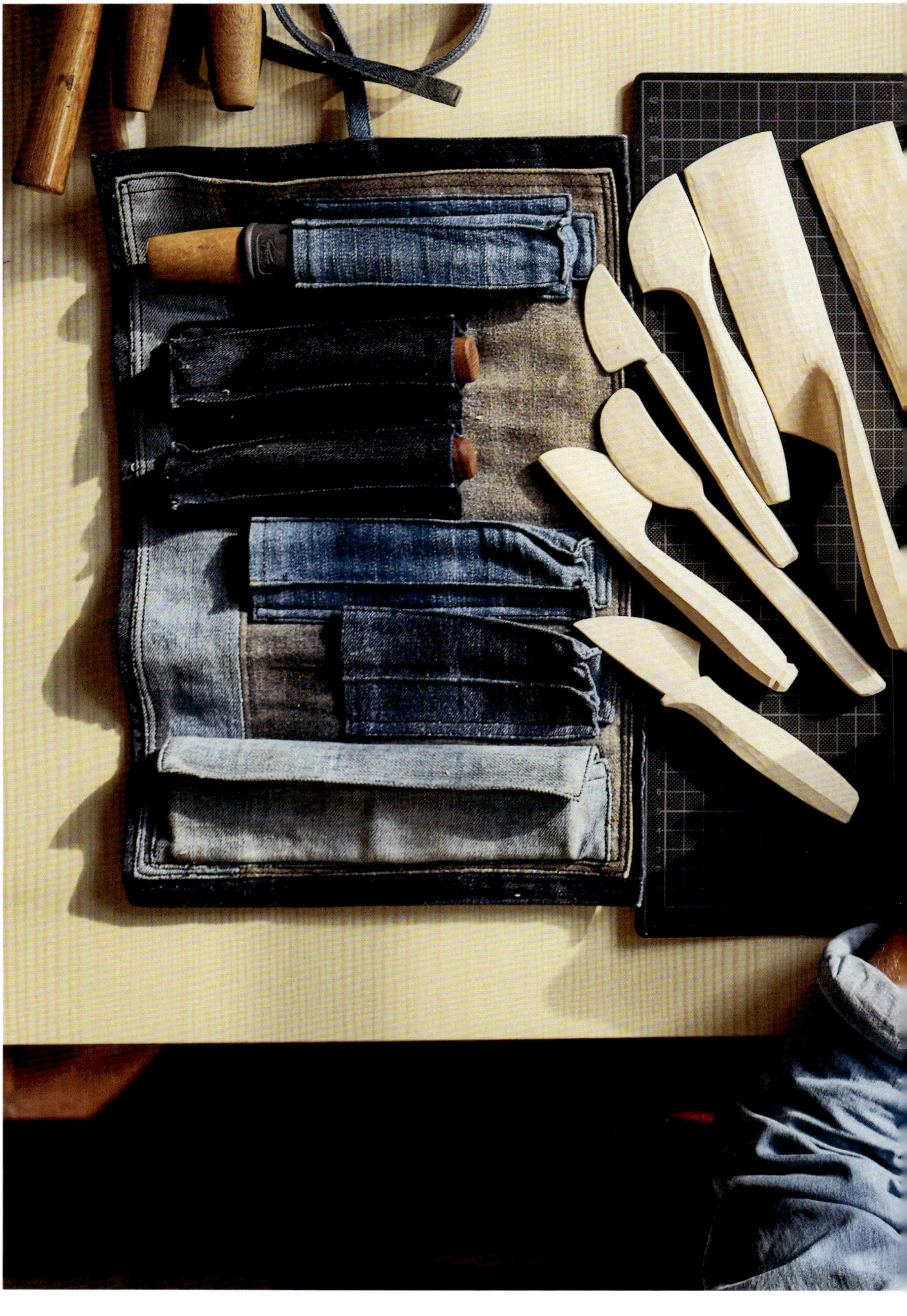

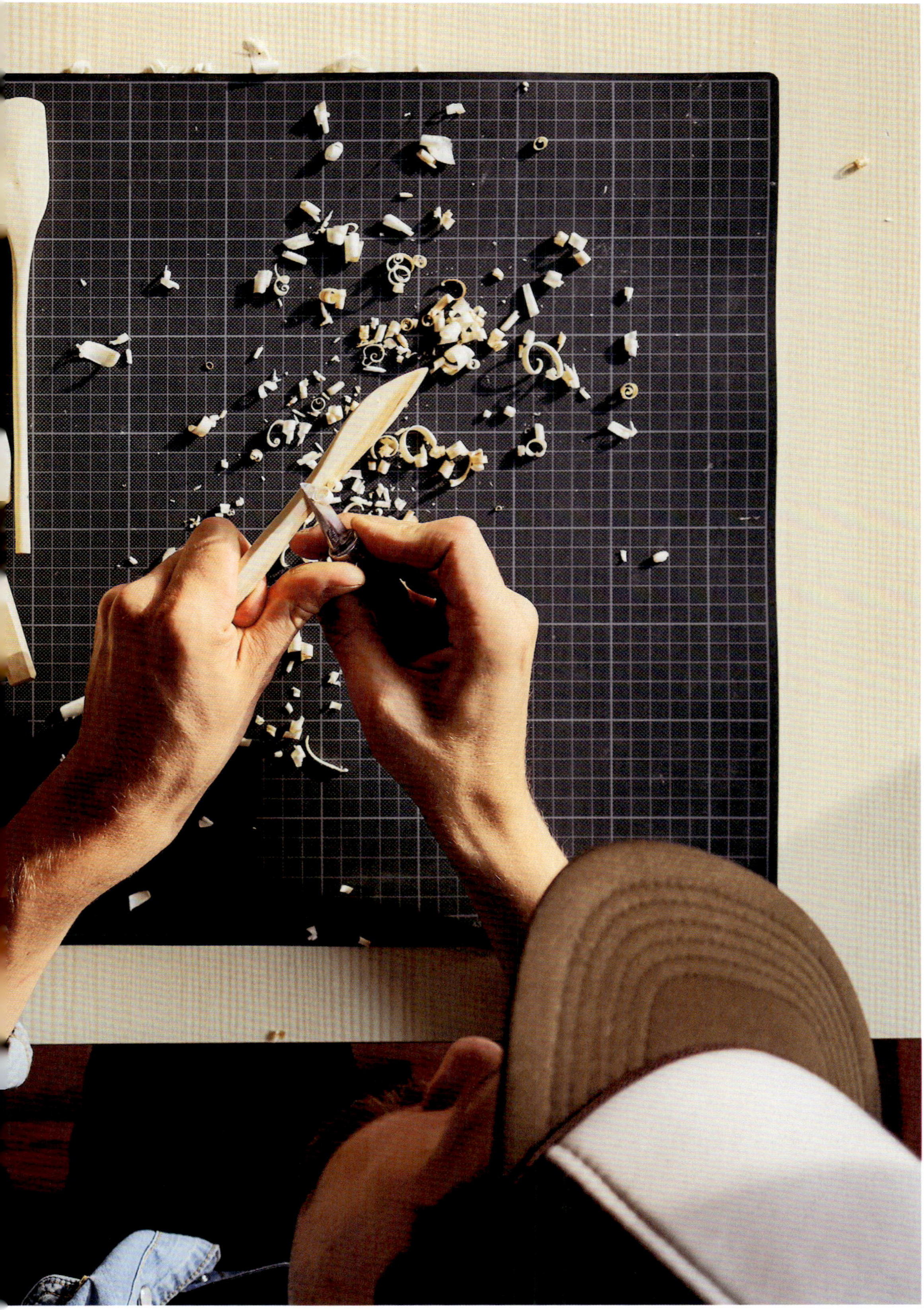

Pfannenwender > Wenn man mit dem Schnitzen anfängt, ist es ein tolles Ziel, alle Plastikdinge durch selbst geschnitzte Holzgegenstände zu ersetzen. Damit das Blatt des Pfannenwenders so stark und robust wie möglich ist, sollte es aus einem Holzstück ohne liegenden Jahresringe sein. Diese sind in der Nähe des Kernholzes umso prägnanter, daher ist es hier besser, Holz von einem größeren Baum zu verwenden.

Pfannenwender

Frisches Holz • Messer • Säge • Beil

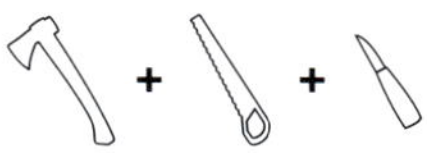

SO GEHT'S

Du benötigst einen Rohling mit 35 x 5 x 4 cm, dabei sollte der Bereich, der zur Oberseite des Griffs wird, der Rinde am nächsten liegen.

Zunächst die Seite, die zur Unterseite des Wenders wird, glätten. Das Profil des Pfannenwenders direkt aufs Holz zeichnen. Der schwächste Punkt liegt dort, wo Griff und Blatt aufeinandertreffen, daher sollten Griff und Blatt sich ordentlich überlappen, damit die Fasern an der Stelle nicht zu kurz sind. Denk daran, dass ein Teil des Griffs in der Beugung verschwindet, bemiss ihn also nicht zu knapp.

Säge die Stoppschnitte und haue mit dem Beil den Griff und die Klinge des Wenders zu. Sobald die Form grob zugeschnitten ist, glättest du die Übergänge und dünnst das Blatt mit dem Messer aus, bevor du den noch unfertigen Pfannenwender trocknen lässt. Sollte das Holz bereits einigermaßen trocken sein, kannst du direkt mit dem nächsten Schritt weitermachen.

Ist das Holz trocken, verschönert man die Form. Das Blatt weiter ausdünnen, damit die dickste Stelle in der Mitte 5–6 mm misst und die Außenkanten 1–2 mm.

Den Griff ausformen und die Kanten abschrägen, damit er gut in der Hand liegt. Die Form dieses hübschen Pfannenwenders ist von der Variante des Schnitzers Niklas Karlssons inspiriert.

PFANNENWENDER

***1.** Mindestens 5 cm* ***2.** Mindestens 35 cm*
***3.** Hier zuhauen* ***4.** Hier sägen*
***5.** Rindennaher Bereich* ***6.** 4 cm*
***7.** Hauen* ***8.** Hauen* ***9.** Schwachpunkt*

Liegende Jahresringe

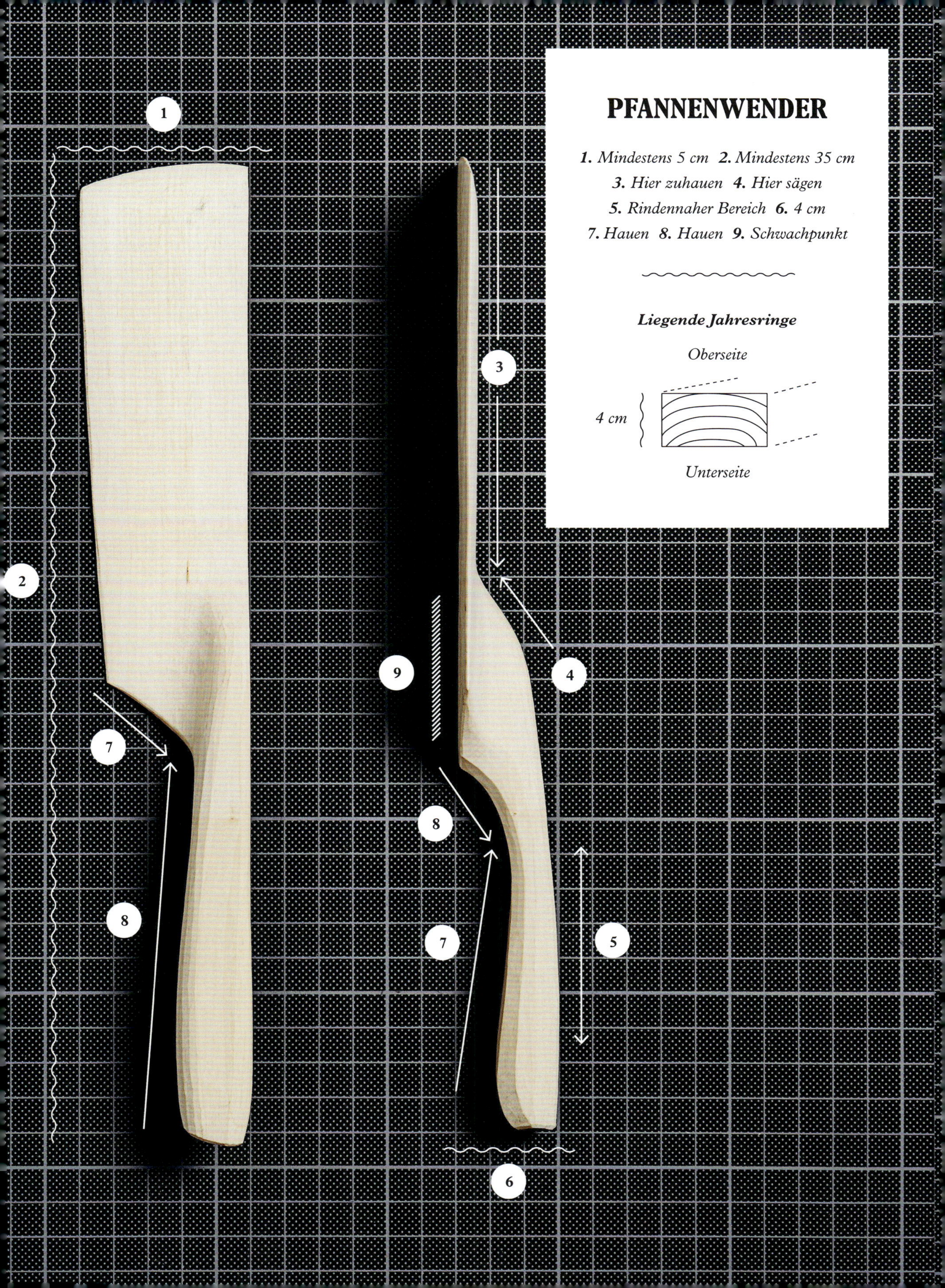

Löffel, Kellen und Schöpflöffel

Löffel aus Metall tauchen nicht nur in Schweden in den meisten Haushalten erst im 20. Jahrhundert auf. Bis dahin waren geschnitzte Löffel das Alltagsbesteck und individuell – jedes Familienmitglied hatte seinen eigenen persönlichen Löffel.

Die Redewendung „den Löffel abgeben" stammt aus dem Mittelalter, als ein eigener Löffel, damals immer ein geschnitzter Holzlöffel, ein wertvoller und wichtiger Besitz war. Ihn abgeben zu müssen, bedeutete, so viel wie kein Lebensrecht mehr zu haben.

Löffel oder Kelle > Traditionell werden Kellen gern aus einem gebogenen Ast angefertigt. Natürlich ist es gut, wenn die Holzfasern ununterbrochen vom Griff bis in die Laffe verlaufen, aber es ist kein Muss, jedenfalls nicht, wenn einem eine Kelle mit einem nur schwach geschwungenen Rücken vorschwebt. Indem man die Kelle diagonal aus dem Rohling arbeitet, erhält man auch aus einem geraden Holzstück einen Schöpflöffel, der viele Jahre hält.

Bei einem Rohling aus Grünholz legt man die Oberseite des Griffs am besten nahe der Rinde. Dadurch zieht sich die Wölbung in der Laffe beim Trocknen zusammen und wird tiefer. Positioniert man den Schöpfteil an der gegenüberliegenden Seite, wird er durch das Trocknen flacher. Wenn du ein Holzstück wählst, das schon eine Weile getrocknet ist, wird die Kelle mehr oder weniger so bleiben, wie sie geschnitzt wurde, egal wie sie auf dem Rohling angelegt wird.

→→

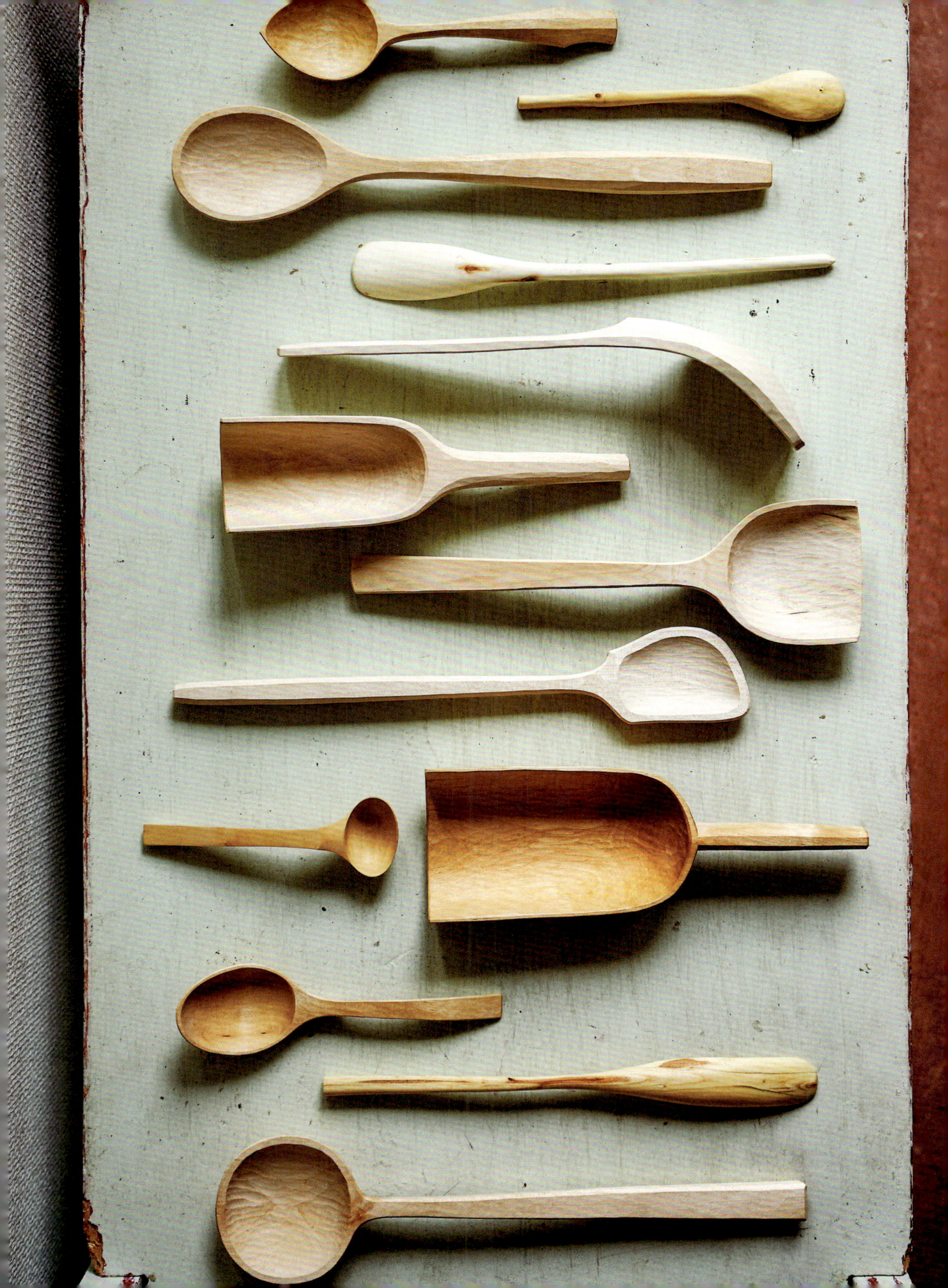

LÖFFEL ODER KELLE

Frisches Holzstück • Messer • Löffelmesser
Säge • Beil

SO GEHT'S

1. Für eine Kelle brauchst du einen Rohling von etwa 30 x 8 x 4 cm. Die Längsseiten mit dem Beil begradigen und das Kellenprofil aufzeichnen. Der schwächste Punkt der Kelle ist an der Unterseite dort, wo der Griff auf die Laffe trifft, an dieser Stelle sollte er etwas dicker sein.

2. Mit dem Beil das Profil heraushauen. Wenn du er für notwendig hältst, kannst du ein paar Stoppschnitte einsägen, um unkontrolliertes Reißen zu verhindert. Haue so nah an den Linien, wie du dich traust.

3. Die Kelle von oben aufzeichnen.

4. Durch ein paar gesägte Schnitte an jeder Seite am Übergang vom Griff zur Laffe kann man sich die Beilarbeit erleichtern.

5. Die Form heraushauen und die Unterseite der Laffe mit dem Beil etwas abrunden.

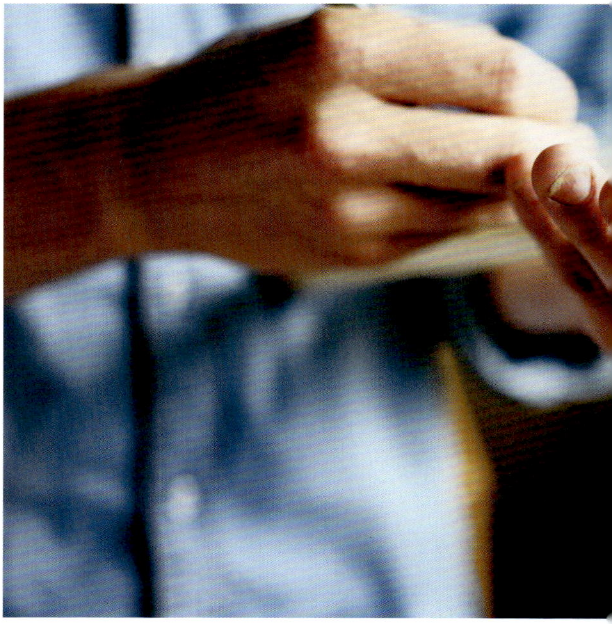

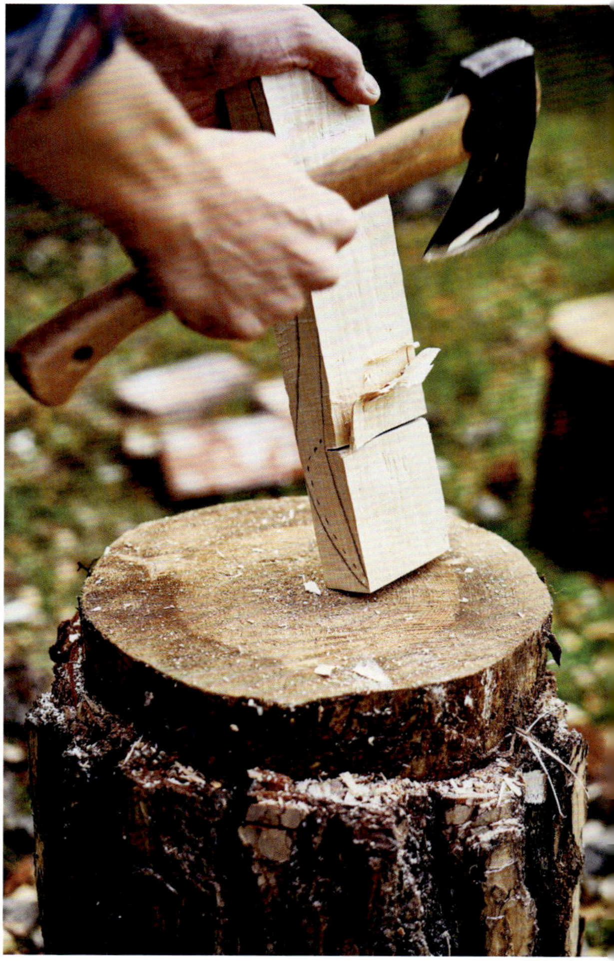

2.

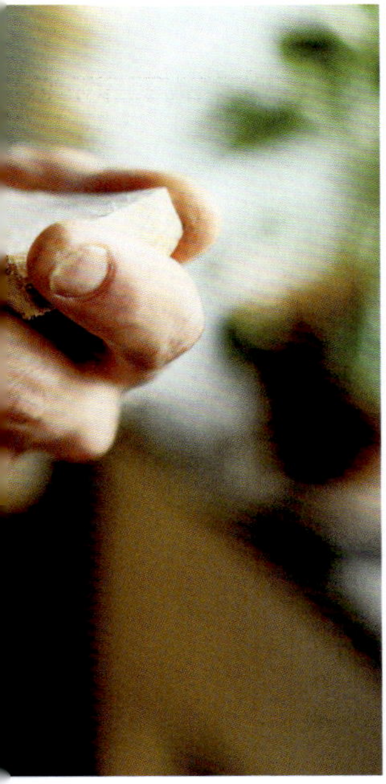

1.

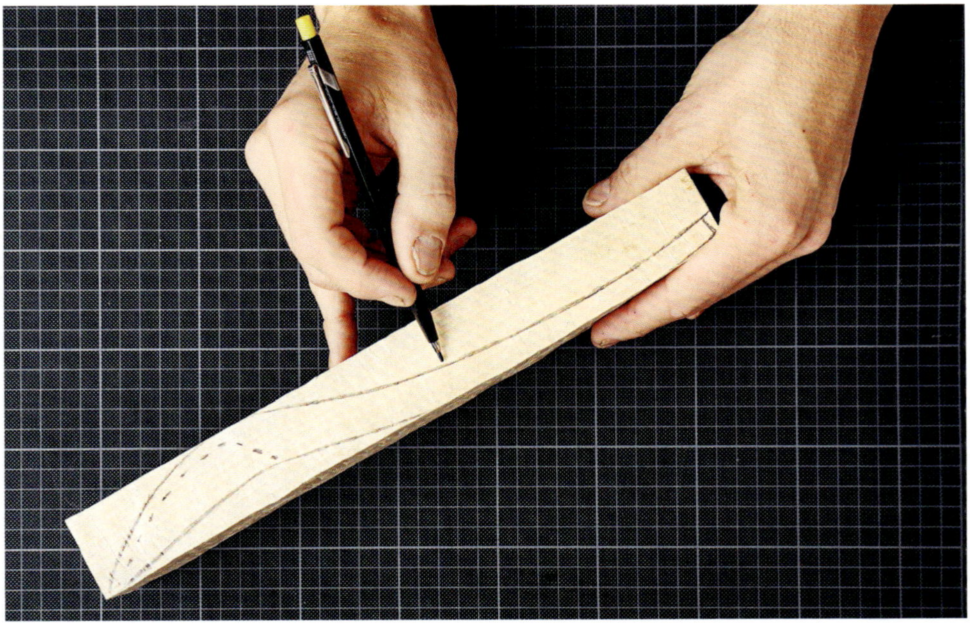

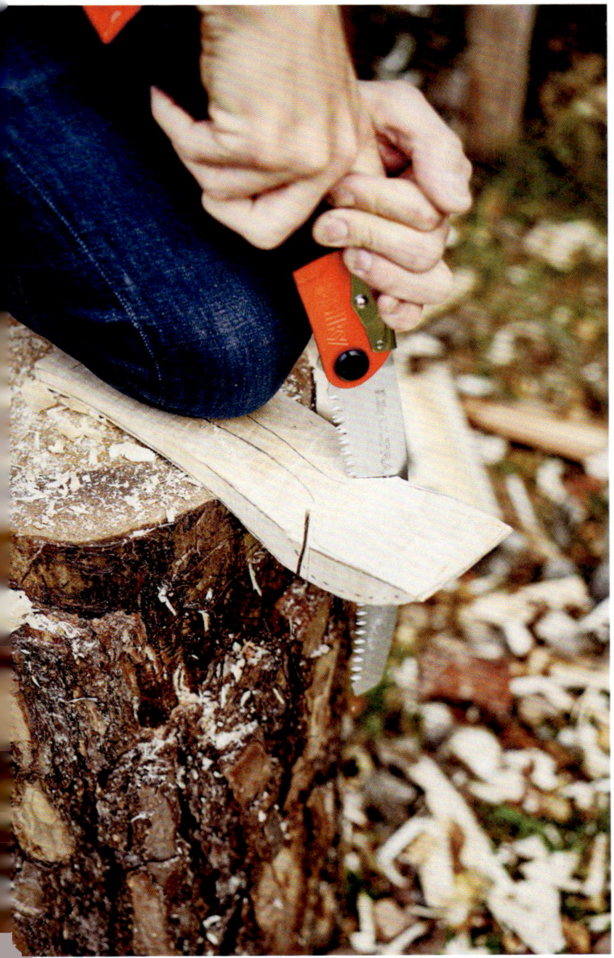

4.

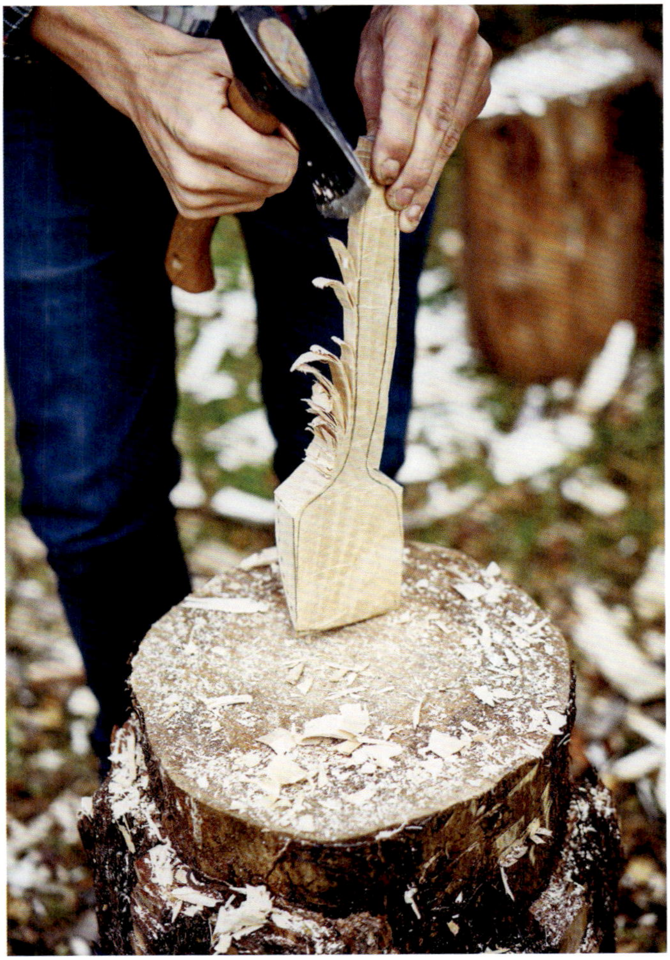

5.

6.

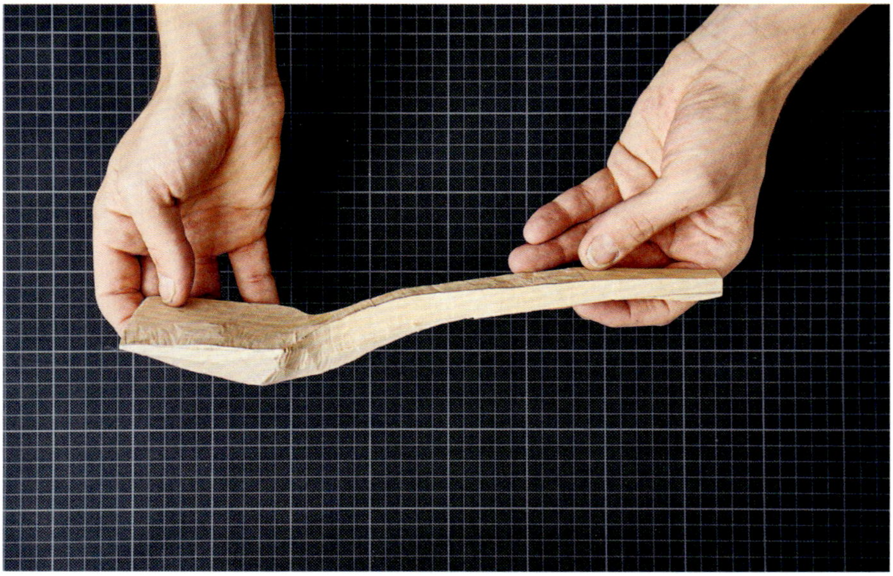

7.

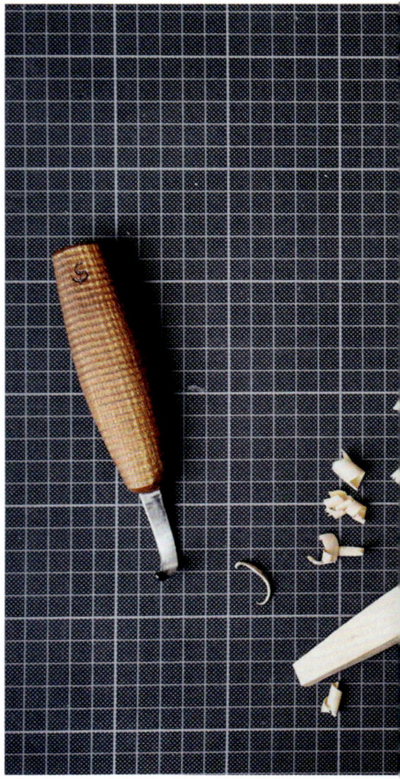

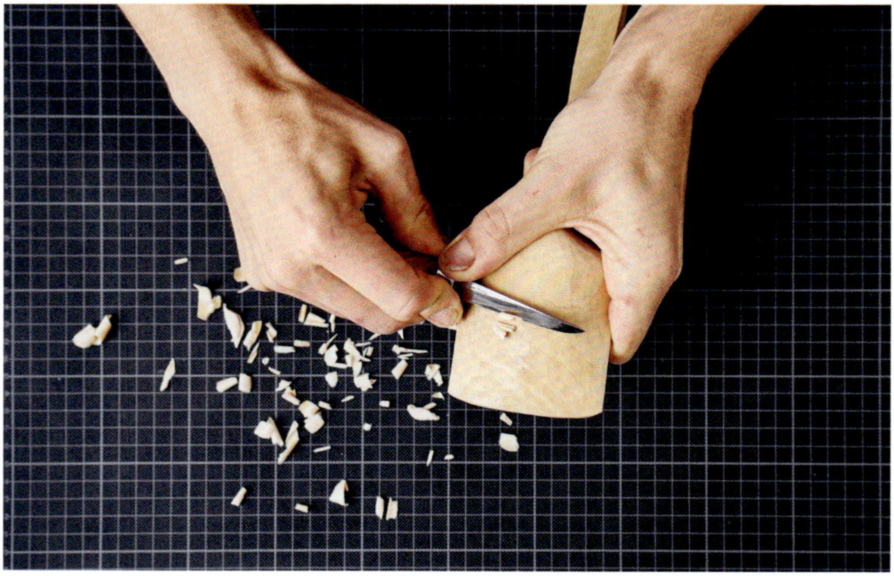

8.

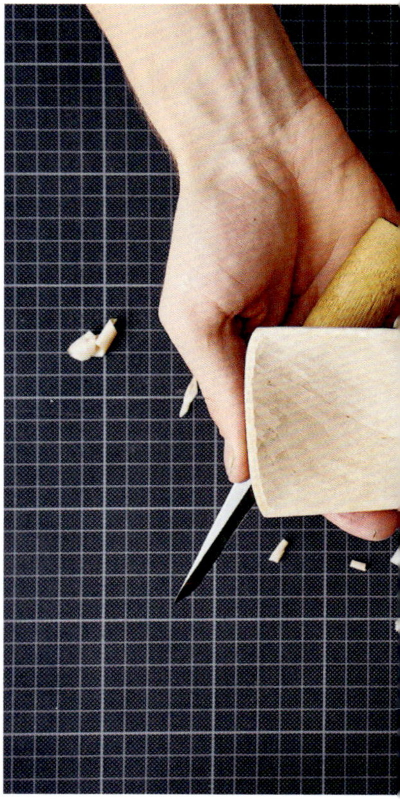

9.

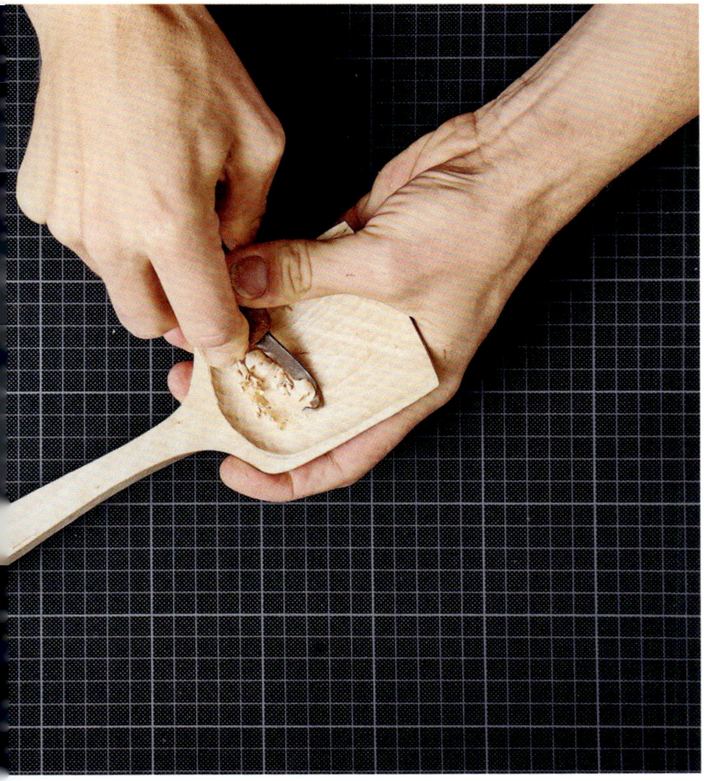

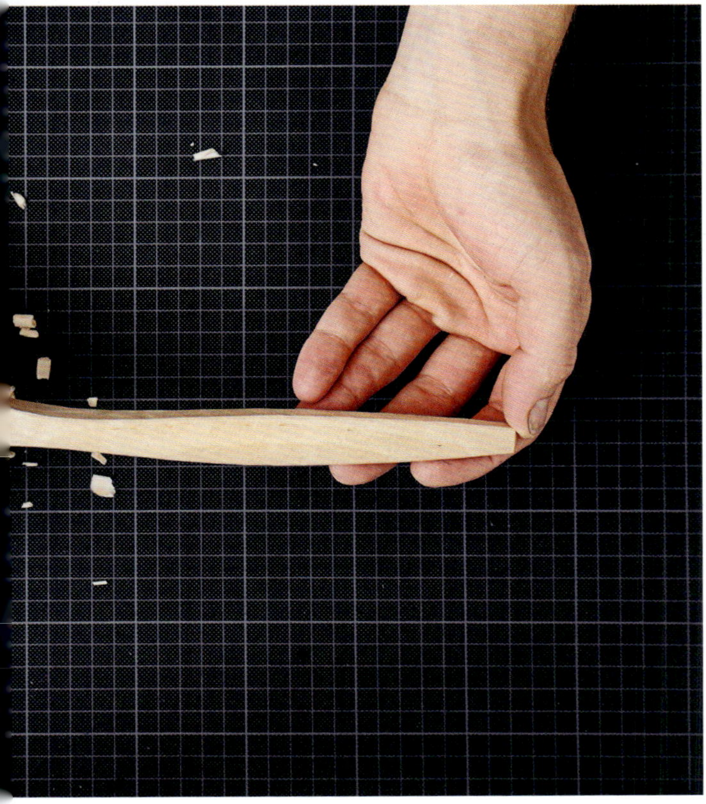

6. Den Übergang vom Griff zur Laffel mit dem Messer glätten.

7. Jetzt geht es an die Vertiefung. Die innere Form der Kelle aufzeichnen und mit den Löffelmessern ausschneiden. Wenn du dich von der Schöpfkelle nach unten vorarbeitest, kannst du von allen Seiten und Kanten zur Mitte hin schnitzen. Die Schöpfkelle ist in der Nähe des Griffs am tiefsten.

8. Wenn du mit dem Inneren zufrieden bist, pass die Außenseite entsprechend an. Schnitzt du mit Grünholz, dann solltest du den Rohling jetzt trocknen lassen, bevor du weitermachst.

9. Wenn die Kelle trocken ist, arbeitest du die Form und Oberfläche abschließend aus. Die Innenseite der Kelle musst du mit der Richtung der Fasern schnitzen, um einen feinen Schnitt und eine schöne Oberfläche zu erhalten. Geeignete Handgriffe findest du ab Seite 38. Runde den Griff so ab, dass er gut in der Hand liegt und schräge die Kanten leicht an; eine abgerundete Form ist robuster als eine eckige.

TIPP!

Es kann sinnvoll sein, eine Linie in die Kellenmitte zu zeichnen. Dann fällt es leichter, als nur nach Augenmaß einen symmetrischen Löffel herzustellen.

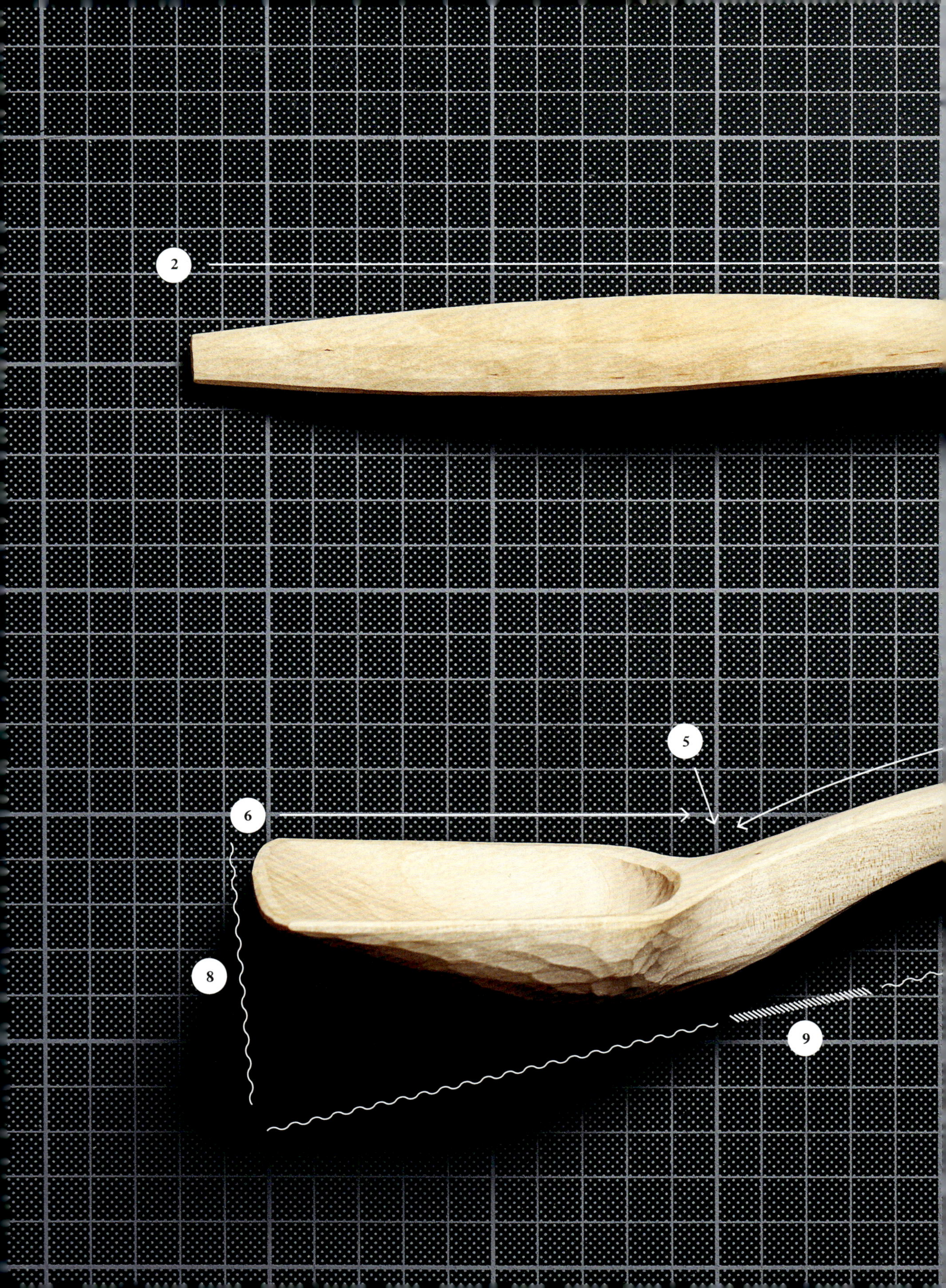
2
5
6
8
9

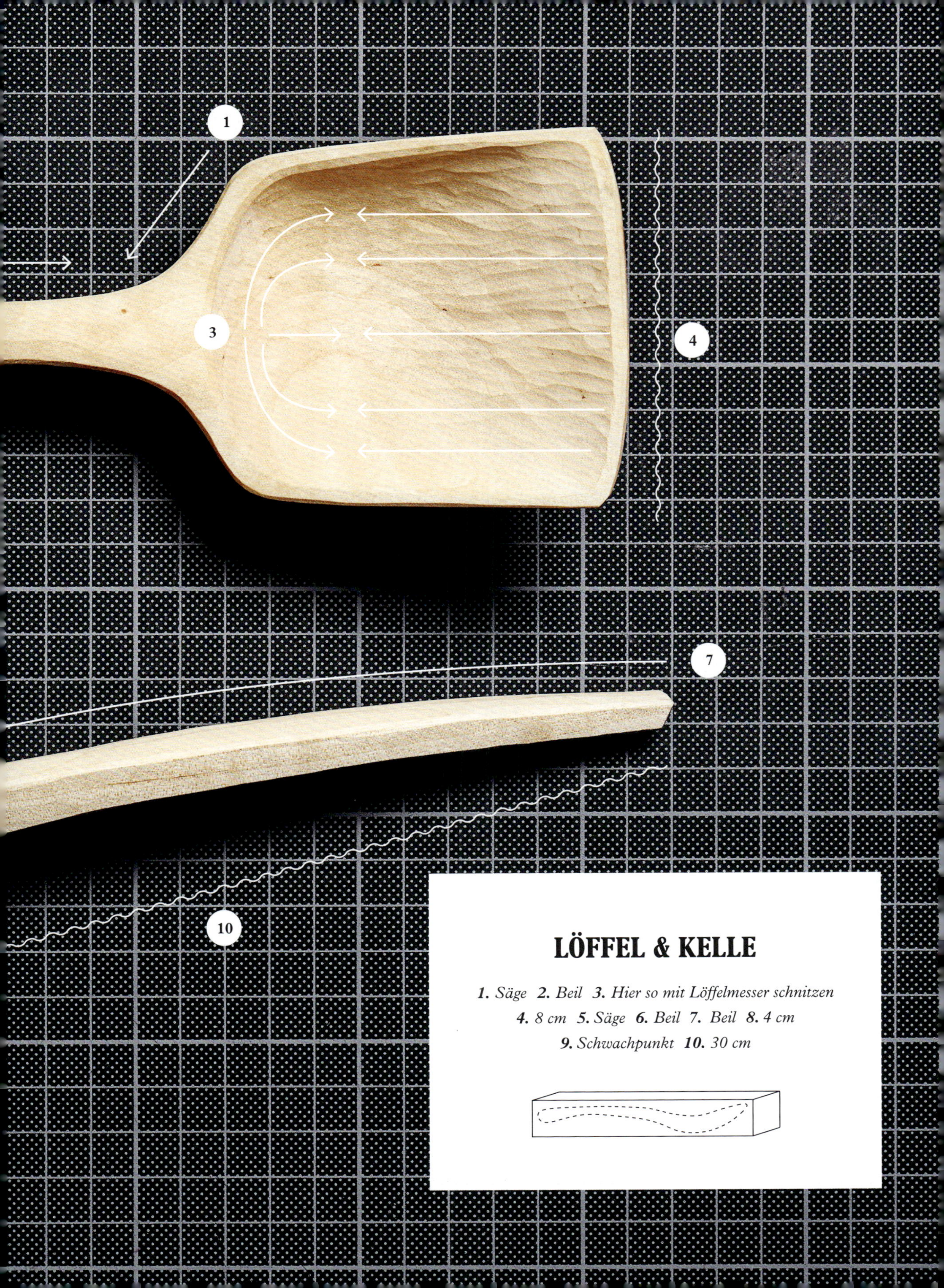

LÖFFEL & KELLE

1. *Säge* ***2.*** *Beil* ***3.*** *Hier so mit Löffelmesser schnitzen*
4. *8 cm* ***5.*** *Säge* ***6.*** *Beil* ***7.*** *Beil* ***8.*** *4 cm*
9. *Schwachpunkt* ***10.*** *30 cm*

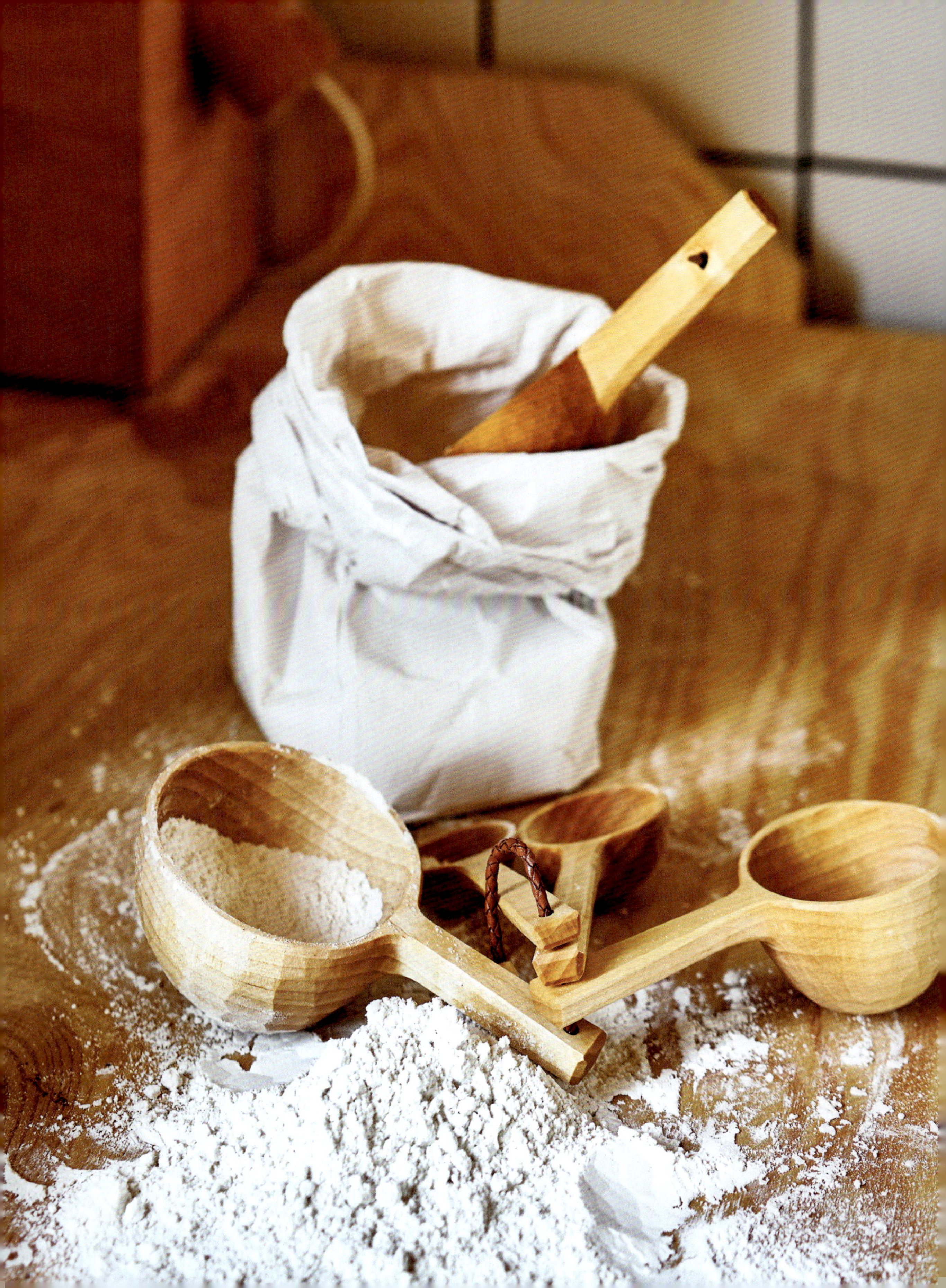

Schöpflöffel > Geschnitzte Schöpflöffel sind hübsch, praktisch und perfekt für Müsli oder Mehl und um deiner Küche die freundliche Atmosphäre eines altmodischen Dorfladens zu verleihen.

Pass den Rohling an die gewünschte Größe an. Nimm ein gerades, astreines Holzstück und vermeide Kernholz. Wenn du die Laffe so platzierst, dass die Aushöhlung an der Rinde liegt, zieht sie sich beim Trocknen zusammen.

SCHÖPFLÖFFEL

Frisches Holzstück • Messer
Löffelmesser • Säge • Beil

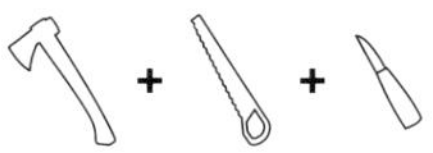

SO GEHT'S

Einen vierkantigen Rohling zuschlagen und das, was zur oberen Seite werden soll, glätten.

Auf das Holzstück den Schöpflöffel von oben und von der Seite aufzeichnen.

Von der Unterseite zum Griff sägen und überflüssiges Material weghauen.

Von der Seite am Übergang zwischen Laffe und Griff sägen. Den Griff heraushauen.

Die Unterseite des Schöpflöffels grob mit dem Beil runden.

Die innere Form des Schöpflöffels aufzeichnen und mit einem Löffelmesser ausschnitzen. Bei einem größeren Löffel kann es sinnvoll sein, Arbeitshandschuhe zu tragen.

Wenn die Laffe ausgehöhlt ist, den Schöpflöffel im Detail ausarbeiten. Die schwächste Stelle ist die, an der Griff und Laffe aufeinandertreffen, mach sie also nicht zu dünn.

Wenn der Schöpflöffel mehr oder weniger so aussieht wie du ihn dir vorstellst, lass ihn trocknen.

Den Schöpflöffel beschnitzen, damit er eine schöne Oberfläche bekommt. Den Griff so bearbeiten, dass er gut in der Hand liegt und die Kanten etwas abschrägen, sodass der Löffel Stöße und Schläge besser aushält.

Messlöffel und Kaffeemaß > Eigentlich unterscheidet sich ein Maßlöffel nur durch die Tiefe der Laffe von einem Löffel oder einer Kelle. Man braucht allerdings ein größeres Holzstück und mehr Zeit. Einen Eierbecherbohrer zu verwenden, kann eine Abkürzung sein, ansonsten einfach mit dem Löffelmesser nach unten schnitzen. Es ist immer gut, Material aufzusparen, damit man die Außenseite nach dem Schnitzen der Innenseite anpassen kann.

Falls du einen exakten Messlöffel machen willst, ist es gut, wenn du beim Aushöhlen nur wenig von der Oberkante wegnimmst und den Griff etwas dicker lässt. Ist der Rohling getrocknet, dann schnitzt man das Innere sauber. Wenn man zum Beispiel einen Messlöffel für 1 dl möchte, dann gibt man 1 dl Kaffeepulver hinein und zeichnet den Rand ein. Dann bis zum Strich hinunter schnitzen und den Griff ausdünnen, bis die Proportionen stimmen.

Kåsa

Der Schritt vom Messbecher zur Kåsa, dem traditionellen schwedischen Trinkgefäß, ist nicht weit, jedenfalls im Hinblick auf die Herstellung. Aber eine Kåsa ist nicht irgendeine Tasse. Damit man die Geschichte und Tradition hinter diesem uralten Trinkgefäß besser versteht, haben wir mit Gunnar Östman Inga gesprochen, um mehr zu erfahren. Gunnar hat für die Stiftung Sámi Duodji für samisches Kunsthandwerk in Jokkmokk gearbeitet und lange eine Kåsa benutzt.

Benutzen Sie das Wort Kåsa, ist das Samisch?
– Wir sagen nicht Kåsa, auf Norrländisch heißt es Kosa mit o. Kosa kommt vom samischen Wort Guksi. Die Kosa ist ein natürlicher, ursprünglicher Gebrauchsgegenstand. Früher stellte man seine Gebrauchsgegenstände selbst her, mit dem, was man in seiner Umgebung vorfand, wie Holz, Horn und Leder. Es geht eigentlich um Selbstversorgung.

Aus welchem Holz macht man eine Kåsa?
– Eine Kåsa besteht fast immer aus Birke und sollte aus einer Maserknolle geschnitzt werden, die eben an Birken am häufigsten vorkommen. In einer Maserknolle verlaufen die Fasern nämlich rund, sodass die Kåsa kein Hirnholz enthält. Das Gefäß wird also robust und hält es aus, mit heißem Wasser oder Kaffee gefüllt zu werden. Manchmal findet man Maserknollen auch an Salweiden, doch die haben oft schwarze Astlöcher, sogenannte Schwarzaugen, und deshalb sind sie meistens nicht dicht. Eine Kåsa besteht nie aus Kiefernholz, weil Kiefer Geschmack abgibt.

Muss man den Baum fällen, um an die Maserknolle zu kommen?
– Wenn es eine kleine Maserknolle ist, schneidet man sie meist direkt vom Baum ab. Aber die Kåsa soll ja einen Griff haben, sodass man auch einen Teil des Stamms entnimmt. Man sägt über und unter der Knolle – an einer Seite sollte es für den Griff etwas mehr sein – dann schlägt man alles mit dem Beil heraus. Versuche dabei, so wenig Schaden wie möglich anzurichten, damit dem Baum der Heilungsprozess leichter fällt.

Man kann also nicht viele Kåsa machen, wenn man eine riesige Knolle findet?
– Meist ist es so, dass man eine Maserknolle sieht und denkt, daraus könnte man eine Kåsa herstellen und dann tut man das. Der Unterschied zwischen samischen Kåsa und anderen Trinkgefäßen ist, dass wir sie rund machen, daher startet man mit einer runden Maserknolle. Aus größeren Knollen kann man eine Schale anfertigen oder ein Náhppi, eine Kåsa zum Melken. Die sollte etwas geschlossener sein, damit die Milch nicht herausschwappt, wenn das Rentier sich beim Melken bewegt. (Allerdings melkt heute kaum noch jemand Rentiere mit der Hand.)

Kurz zusammengefasst: Wie machen Sie eine Kåsa?
– Man haut das Holz grob zu, wenn es noch frisch ist. Es ist wichtig, den Rohling langsam und unter kontrollierten Bedingungen trocknen zu lassen. Die Knolle wird in eine Plastiktüte mit Zeitungspapier gelegt. Jeden zweiten Tag nimmt man den Rohling heraus und wendet die Tüte auf links, damit das Kondenswasser abläuft. Dann wechselt man das feuchte Zeitungspapier gegen trockenes aus. Den Rohling nicht direkt in die Hauswärme legen, sondern an einem kühlen, schattigen Platz aufheben, damit er sich langsam anpasst.

Traditionell höhlt man die Kåsa mit einem Ringeisen aus. Das ähnelt einem Löffelmesser, hat aber vorn einen Ring, und man braucht nur eins, um überall hinzukommen. Die Klinge ist in der Mitte geschmiedet und hat eine Schneidkante. Sie ist ca. 8 cm lang und rund gebogen, sodass beide Enden im Schaft sitzen. Eine moderne Version des Ringeisens ist das Dalsland-Eisen. Ein kleines Handwerkzeug, mit dem man wunderbar arbeiten kann. Der Nachbarsjunge schaffte es damit fast sofort bis auf den Boden. Heutzutage wird aber oft eine Fräsmaschine zur Bearbeitung verwendet.

Ist es wichtig, dass eine Kåsa allein stehen kann?
– Eine Kåsa ist dafür gedacht, auf unebenem Untergrund sicher zu stehen, nicht auf flachen Tischen. Deswegen sollte eine Kåsa immer einen runden Boden haben. In einer Kote liegen Birkenzweige auf dem Boden, und wenn die Kåsa unten abgerundet ist, bleibt sie überall aufrecht, eine mit flachem Boden jedoch nicht. Aber wenn sie gut ausbalanciert ist, kann sie auch mit rundem Boden auf einem Tisch stehen.

Ein langer oder kurzer Griff?
– Das variiert von Region zu Region. Im nordsamischen Gebiet in Schweden – Gällivare/Kiruna und weiter nördlich – hat die Kåsa einen etwas kürzeren Griff und ist runder, fast kugelförmig. Oft wird der Griff mit einem Beschlag aus Rentierhorn verstärkt, der mit einem Blumen- oder Sternmuster verziert ist.

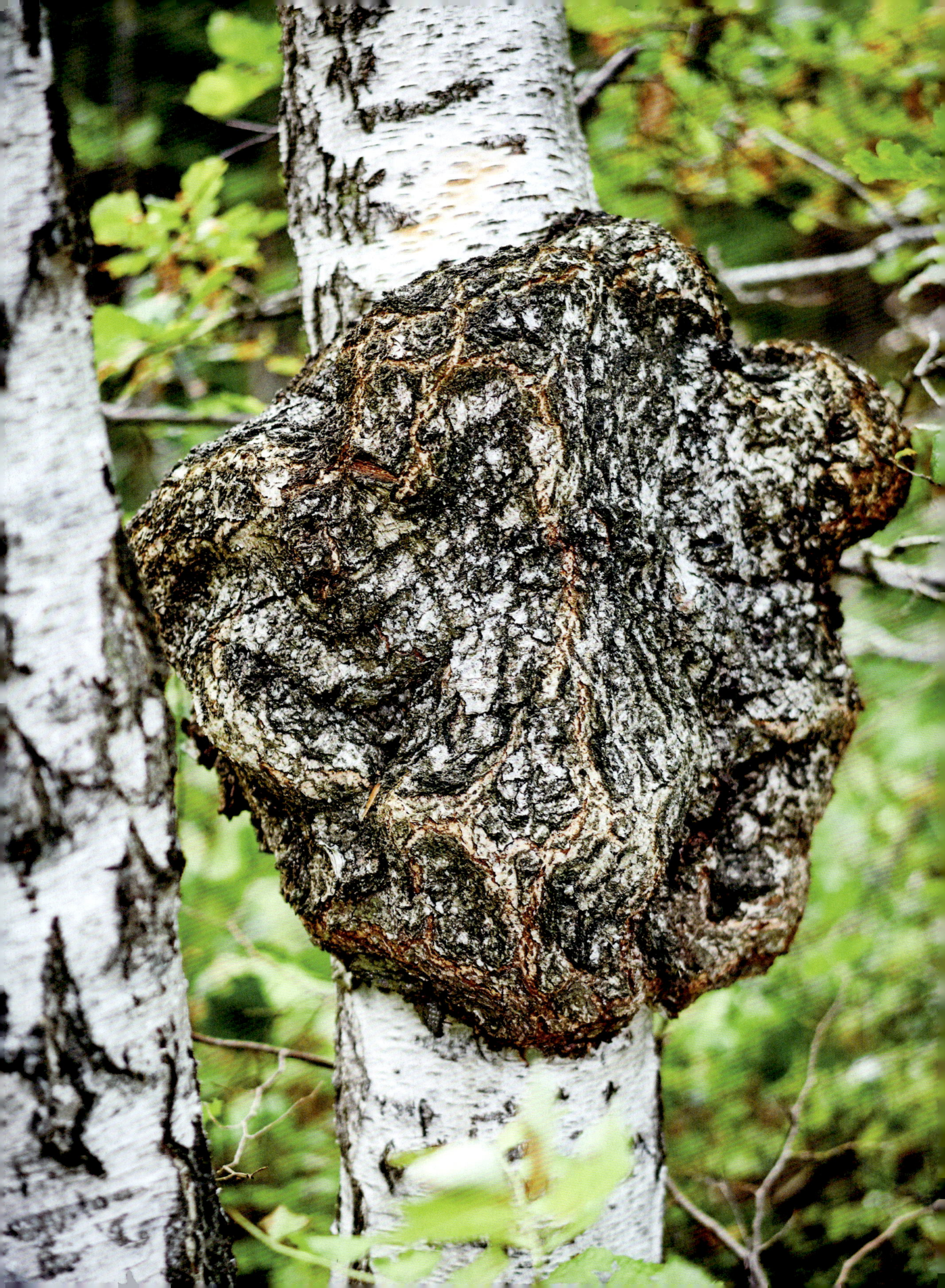

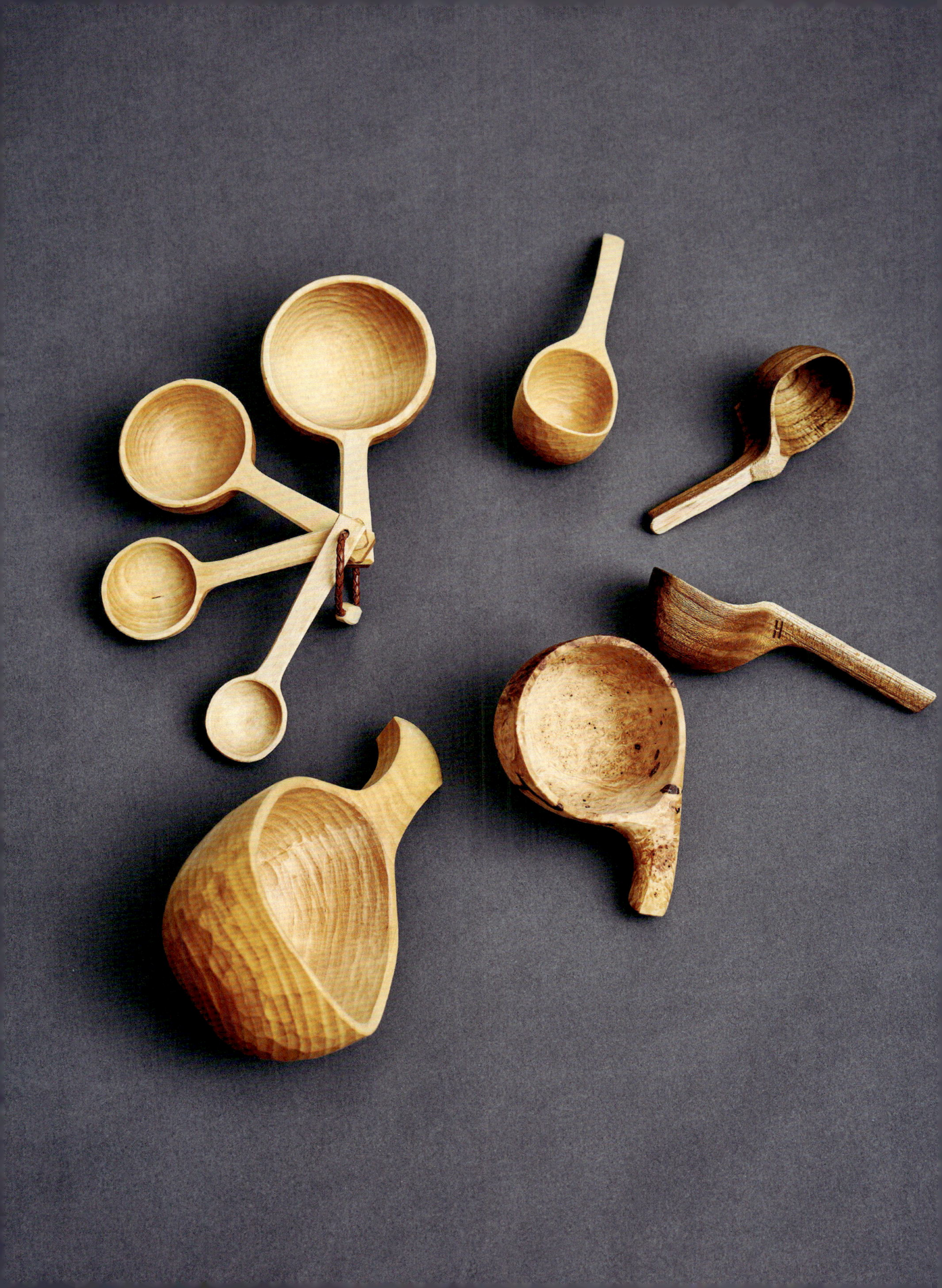

Im südsamischen Gebiet in Schweden – von Arvidsjaur/Arjeplog nach Süden – ist die Kåsa weniger tief und etwas flacher. Der Griff ist ein bisschen länger und der Hornbeschlag anders verziert. Die Muster sind meist geometrisch und bedecken praktisch die gesamte Oberfläche. Im zentralsamischen Gebiet, in Lulesamisch, liegt die Form in der Mitte.

Schleifen Sie die Kåsa?

– Glatte Oberflächen hatte man praktisch schon immer. Es gibt Sand, mit dem man schleifen kann, wenn man kein Schleifpapier hat. Man schnitzt so fein wie möglich, und am Ende kann man mit einem Messer kratzen, um es wirklich glatt zu machen, bevor man mit dem Schleifen beginnt. Im Süden hat man früher Schachtelhalm zum Schleifen verwendet, aber ich weiß nicht, ob das auch hier üblich war.

Wie behandeln Sie die Oberfläche der Kåsa?

– Eine Kåsa sollte innen völlig unbehandelt bleiben. Außen kann man sie einölen, entweder mit Paraffinöl oder mit kaltgepresstem Rohleinöl. Heute beizt man die Kåsa außen. Früher wurde z. B. Erlenrinde genutzt, die eine rötliche Farbe ergibt, oder Weidenrinde, die auch zum Gerben von Fellen verwendet wurde, um die Außenseite zu färben. Die Außenseite war nie einfach nur Holz, denn auf einer birkenweißen Kåsa sieht man Schmutz.

Wie pflegt man seine Kåsa?

– Man spült sie nur mit klarem Wasser, ohne Spülmittel. Wenn man daraus gegessen hat, nimmt man warmes Wasser. Die beste Kåsa ist eine, die man sowohl als Kaffeetasse wie auch als Teller nutzen kann. Ich selbst habe zwei, die Kaffeekåsa steckt dabei in der größeren Kåsa, die als Teller fungiert. Früher stopfte man sie sich unter den samischen Kolt, den Trachtenkittel. Da man den Kolt mit einem Gürtel trug, fungierte beides zusammen wie eine Tasche im Kolt. Die Kåsa ist etwas Persönliches, man benutzt die Kåsa anderer nicht, es sei denn, man wird dazu eingeladen.

Kåsa > Auch wenn die perfekte Kåsa aus einem Maserknollen gemacht wird, kann man sie auch aus anderem Holz schnitzen. Eine Kåsa aus geradem Holz ist jedoch nicht so stoßfest und reißt möglicherweise, wenn sich zu lange Flüssigkeit darin befindet. Nichtsdestotrotz kann es eine schöne Tasse für unterwegs sein, während man auf den perfekten Maserknollen für eine Kåsa wartet.

KÅSA

Grünholz oder Maserknolle • Messer
Löffelmesser • Säge • Beil

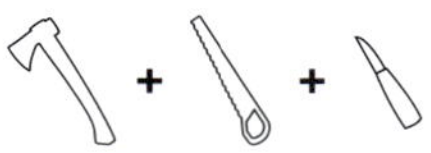

SO GEHT'S

Für eine Kåsa braucht man ein nicht zu kleines Grünholzstück ohne Äste und Hirnholz. Birke ist eine gute Wahl, weil es eine homogene Holzart und nicht allzu hart ist. Haue einen Rohling von etwa 17 x 10 x 9 cm zu.

Zeichne die Kåsa direkt aufs Holz. Gib dem Holzstück mit Säge und Beil grob die gewünschte Form, danach geht es nur noch ans Aushöhlen. Trage Arbeitshandschuhe, um unnötige Hautabschürfungen zu vermeiden, und bewahre den Rohling in einem feuchten Handtuch eingewickelt im Kühlschrank auf, wenn du eine Pause machst.

Wenn die Aushöhlung fertig ist, passt man die Außenseite der Innenseite an, am Schluss schnitzt man den Griff. Schnitze die Kåsa fast ganz zu Ende, aber lass ein paar Millimeter fürs letzte Schönschnitzen stehen, bevor du sie langsam trocknen lässt.

Wenn die Kåsa trocken ist, schnitzt du sie innen und außen sauber. Die Innenseite sollte geschliffen werden, damit die Fasern verschlossen werden und das Holz weniger Flüssigkeit aufnimmt. Beginne mit einem Schleifpapier der Körnung 80 und arbeite dich allmählich von unten nach oben vor, bis die Innenseite glatt ist. Falls du die Kåsa beizen willst, dann vor dem Ölen der Außenseite, die Innenseite bleibt unbehandelt.

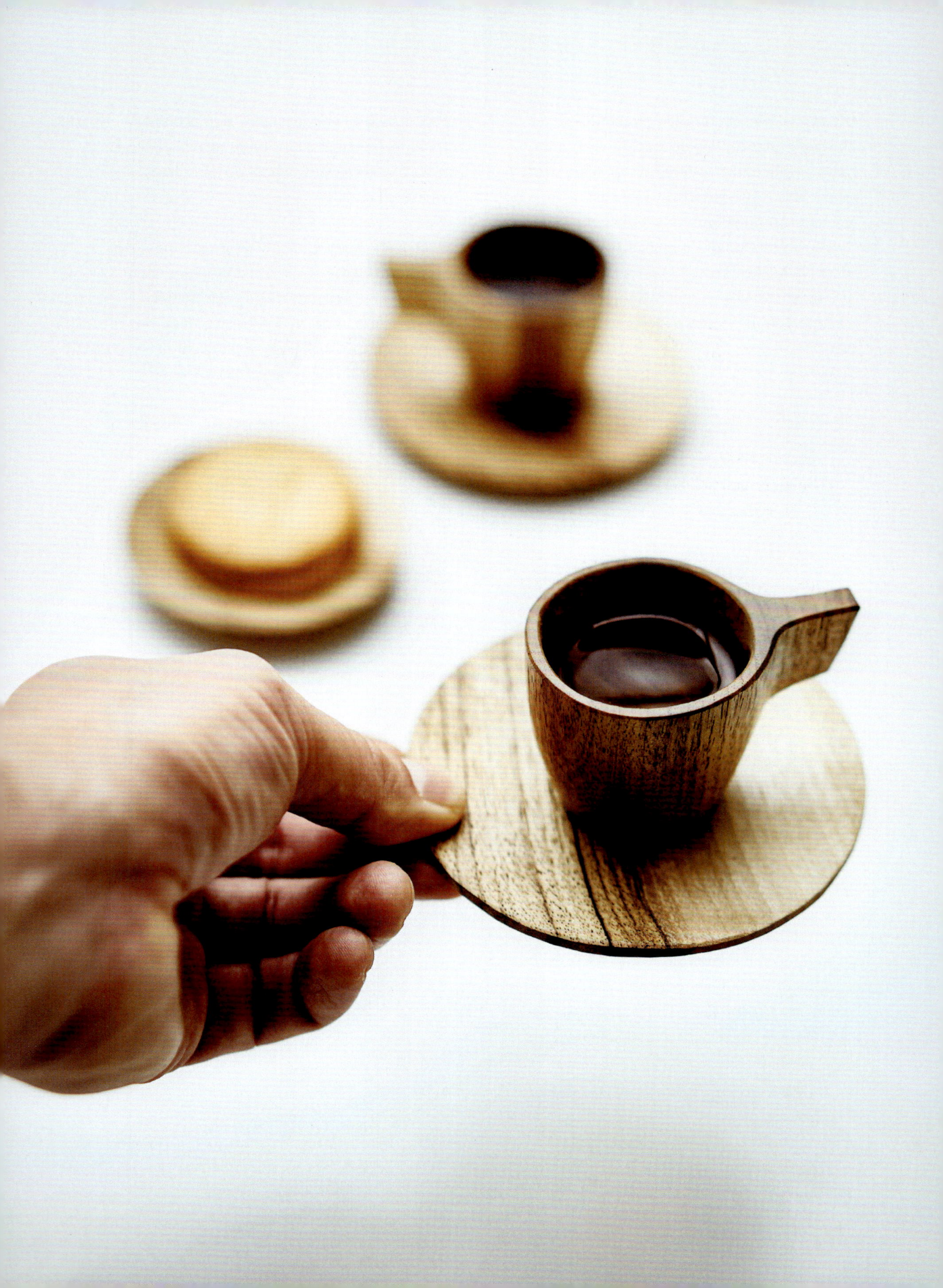

Espressotasse

Die Espressotassen auf dem Foto sind aus Hirnholz. Es ist fast unmöglich, in Hirnholz hineinzuschnitzen, wenn es doch geht, dann ist es garantiert anstrengend und langweilig. Man kann aber hineinbohren und danach vom Boden aus mit dem Löffelmesser ohne größere Mühe nach oben Späne abtragen. Obwohl es eine Art Bohrer ist, den man fast nicht empfehlen kann, sollte man dafür einen Eierbecherbohrer nutzen. Er ist schwer zu kontrollieren und reißt und zerrt am Holzstück. Das Holz beginnt zu rauchen, der Akku ist leer und das Ergebnis sieht traurig aus. Aber nach ein paar Schnitten mit dem Löffelmesser kommt wieder schönes Holz zum Vorschein, und man hat Zeit gespart und die Messerklinge geschont.

Das Risiko ist groß, dass eine Tasse aus gerade gewachsenem Holz reißt, wenn man sie zu lange mit einer Flüssigkeit gefüllt stehen lässt. Zur Sicherheit muss man sie also nach jeder Anwendung gut trocknen. Natürlich wird niemand gezwungen, seine Espressotasse aus Hirnholz zu schnitzen – aus einer kleineren Kåsa kann man auch ganz wunderbar Kaffee trinken.

ESPRESSOTASSE

Grünholz • Bohrmaschine • Messer
Schleifpapier • Säge • Schraubzwinge
Beil • Eierbecherbohrer

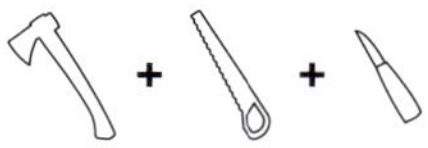

SO GEHT'S

Ein Holzstück zuhauen, dass ein paar Zentimeter breiter und länger ist, als die Tasse es werden soll. Mit dem Beil glätten, damit es in der Zwinge einen guten Halt hat. Das Holz einspannen und ein ca. 3–4 cm tiefes Loch bohren.

Wenn der Eierbecherbohrer seine Arbeit getan hat, kann man etwas überschüssiges Material mit dem Beil abschlagen, damit das Holz leichter zu halten ist, wenn man es im Inneren aushöhlt. Aber der Abtrag darf nicht zu groß sein, weil es viel angenehmer ist, zuerst innen und dann außen zu schnitzen. Denk daran, etwas für den Griff stehen zu lassen.

Wenn genug ausgehöhlt wurde, kümmert man sich um die Außenseite. Den Boden auf ca. 8 mm Dicke absägen. Den Griff schnitzen und die Seiten ausdünnen, bis sie ungefähr 6 mm dick sind. Die Tasse trocknen lassen.

Nach dem Trocknen wird die Tasse fertig bearbeitet: Zuerst die Unterseite mit dem Messer plan machen, dann mit einem Schleiftuch glätten. Sobald die Tasse sicher steht, kommt die Oberseite dran, am besten, indem man vorgeht wie bei der Astdose (Schritt 10 auf Seite 96).

Die Tasse zuerst innen und danach außen in Form bringen.

Bei einer geschnitzten Oberfläche bleiben die Holzporen offen und nehmen leicht Feuchtigkeit auf. Wenn man die Innenseite schleift, verschließt man die Poren und das Holz speichert Feuchtigkeit in geringerem Maße. Beginne mit einer 80er oder 100er Körnung. Sobald du die Innenseite geglättet hast, wechselst du zu einem feineren Schleifpapier. Du kannst so lange schleifen, wie du magst oder Geduld hast.

Die Außenseite der Tasse einölen; die Innenseite bleibt unbehandelt.

Auf Seite 108 findest du die Anleitung für die Untertasse. Die Vertiefung für die Tasse macht man zuletzt. Stell das Behältnis auf die Untertasse und zeichnen die Umrisse ab. Halte das Messer wie einen Stift und ziehe mit der Messerspitze einen Schnitt entlang der Linie. In Richtung der Faser schneiden und mit dem Zeigefinger der anderen Hand drücken. Schnitze mit dem Messer oder dem Löffelmesser von der Mitte zum Schnitt hin aus, bis die Tasse gut in der Vertiefung sitzt. Außen einölen.

Holzgabel, Stäbchen und Salatbesteck

HOLZGABEL

Frisches oder trockenes Holz
Bohrer und Bohrmaschine • Messer
Säge • Beil

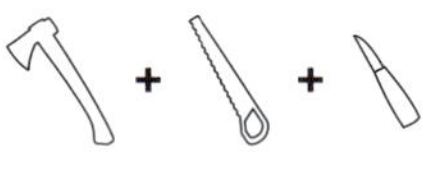

SO GEHT'S

Ein rechteckiges Holzstück zurecht hauen, dabei Äste und Hirnholz vermeiden. Es sollte mindestens 1 cm dick und 4–5 cm breit sein, damit die Gabel nutzbar ist. Die Länge kann man nach Geschmack anpassen, aber ca. 30 cm sollten passen.

Den Griff frei sägen und beilen und zur Kelle hin dünner werden lassen. Die Form mit dem Messer zurecht schnitzen.

Die Zinken aufzeichnen und, ganz außen nicht zu tief, vorsichtig aussägen.

Falls der Zwischenraum zwischen den Zinken breiter sein soll als der Schnitt der Säge, kann man ganz unten zwischen die Zinken ein Loch in passender Größe bohren und dann ein oder zwei Schnitte bis zum Loch sägen.

Wenn du Grünholz benutzt, dann solltest du es jetzt erst einmal trocknen lassen, bevor du weitermachst.

Die Zwischenräume zwischen den Zinken sauber schnitzen und den Griff so vollenden, dass er gut in der Hand liegt.

Essstäbchen > Essstäbchen werden praktisch im gesamten ostasiatischen Raum seit 6000 Jahren benutzt. Heute stellen sie fast ein Umweltproblem dar, weil sie oft Wegwerfartikel sind. Allein in Japan werden jährlich ungefähr 4,5 Milliarden Essstäbchen verbraucht. Indem man seine eigenen Essstäbchen herstellt, kann man eine wichtige Aussage treffen. Sie wird man nach einer Mahlzeit wohl kaum wegwerfen, denn sie selbst zu schnitzen ist zeitaufwendiger und kniffliger, als man glaubt.

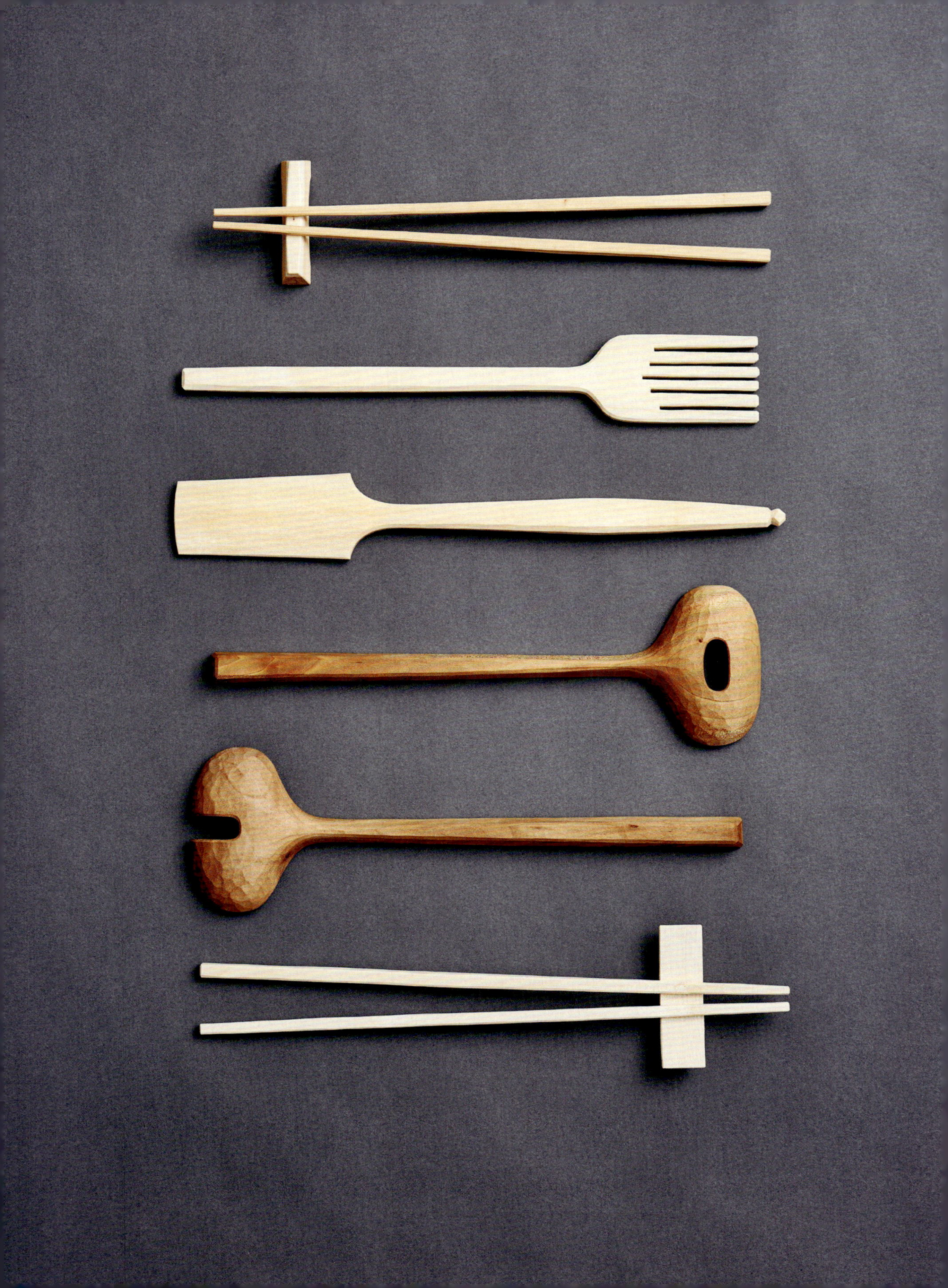

Die Länge der Essstäbchen variiert von Land zu Land. Oft messen sie 20–25 cm und bestehen aus Bambus. Doch es gibt sie auch aus anderem Holz, aus Plastik oder Porzellan. Chinesische Essstäbchen unterscheiden sich von denen aus Japan und Korea. Japanische sind kürzer (18–21 cm), runder und laufen spitz zu, chinesische sind länger (23–26 cm), meist eckig und haben ein stumpfes Ende. Der Teil, den man in der Hand hält, sollte 5–6 mm dick sein, der andere ungefähr 3 mm.

ESSTÄBCHEN

Trockenes Holz • Messer • Beil

SO GEHT'S

Die Hölzer so dünn wie möglich zuhauen. Man kann keine derart schmalen Stücke mit einem Beil anfertigen, aber versuche, dich den gewünschten Maßen so weit wie es geht anzunähern. Schnitze die Hölzer danach mit dem Messer bis zur gewünschten Dicke. Damit die Essstäbchen möglichst gerade werden, ist es gut, wenn man sich an einem geraden Vergleichsobjekt wie an einem Lineal oder der Tischkante orientiert. Dann die Kanten etwas abschrägen.

Salatbesteck > Ein Salatbesteck schnitzt man genauso wie eine Kelle. Allerdings darf die Dicke der Holzstücke geringer sein, da der Winkel der Laffel zum Griff nicht so groß sein muss wie bei einer Kelle.

SALATBESTECK

Frisches Holzstück • Bohrer und Bohrmaschine • Messer • Löffelmesser • Säge • Beil

SO GEHT'S

Der Anleitung für eine Kelle auf Seite 70 bis zum Schluss folgen.

Sobald das Besteck getrocknet und fein geschnitzt ist, mit einem großen Spiralbohrer mitten in die Laffel der beiden Kellen ein Loch bohren. An einer Kelle zwei Schnitte bis zum Loch sägen, sodass daraus eine zweizinkige Gabel wird. Mit dem Messer sauber schnitzen und die Kanten etwas abschrägen. Das Loch in dem anderen Teil in die gewünschte Größe und Form bringen, die Kanten ebenfalls sauber ausschnitzen und etwas anschrägen. Zum Schluss das Besteck mit Öl behandeln.

Astdosen

Schon die Wikinger schnitzten Astdosen, und es ist klar, wieso. Sie sind nicht nur praktisch, sondern es macht auch richtig Spaß, die langen, korkenzieherartigen Schnitzspäne herauszuschneiden – ein Moment, in dem sich selbst der Anfänger wie ein Profi fühlen mag. Um eine Astdose herzustellen, höhlt man einen frischen Ast oder Baumstamm aus und schneidet in das untere Ende eine Rille. In sie setzt man den Boden aus trockenem Holz. Wenn das frische Korpusholz trocknet, schrumpft es um den trockenen Boden herum, und das Ergebnis ist ein schönes, dichtes Gefäß (wenn man sorgfältig arbeitet, sonst hat man ein schönes Gefäß, das nicht so dicht ist – auch gut). Es ist nicht möglich, eine Scheibe aus Hirnholz als Boden zu verwenden, sie würde beim Trocknen reißen.

Falls du kein trockenes Holz hast, kannst du ein Stück über Nacht im Ofen schnelltrocknen. Leg das Holzstück auf das Gitter, stell den Ofen auf 40 Grad und klemm ein Holzscheit in die Tür, damit die Feuchtigkeit entweichen kann. Mach das Holzstück in Höhe wie Länge etwas größer, damit man eventuelle Risse nach dem Trocknen aussägen und das Stück etwas glatter machen kann.

Solltest du während der Arbeit an deiner Astdose eine Pause einlegen müssen, wickle den Rohling in ein feuchtes Handtuch und leg ihn in den Kühlschrank. Es ist wichtig, dass das Grünholz nicht zu schwinden beginnt, bevor der Boden aus trockenem Holz eingefügt wurde.

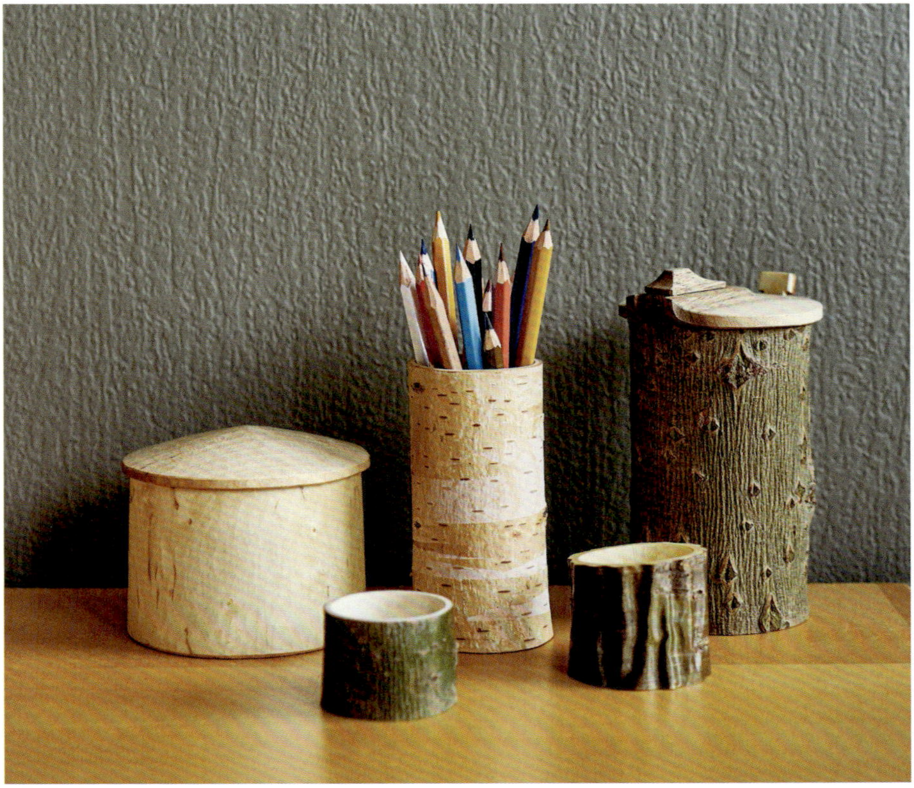

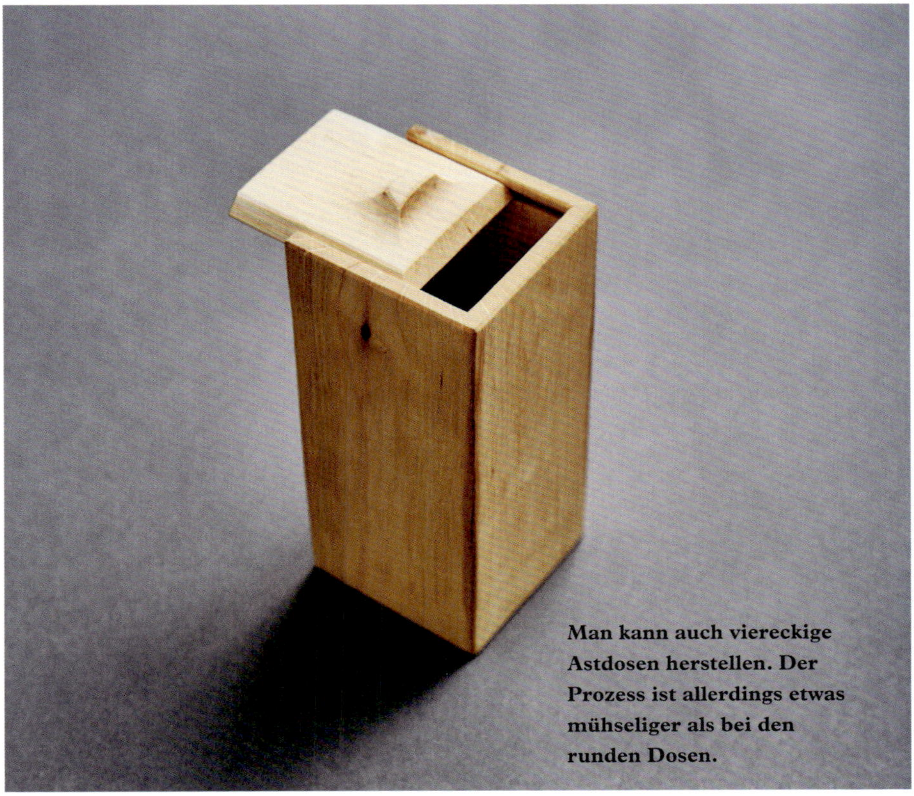

Man kann auch viereckige Astdosen herstellen. Der Prozess ist allerdings etwas mühseliger als bei den runden Dosen.

ASTDOSE

Grünholz oder Baumstamm
trockenes Holz • Bohrmaschine
Bohrer 10–15 mm • Messer
Löffelmesser • Beil • evtl. Stecheisen

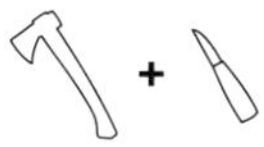

DAS HOLZ

Das Schnitzen ist am einfachsten, wenn man Laubholz wählt, das gerade, gleichmäßig dick und astrein ist. Der Rohling sollte ein paar Zentimeter länger sein als die fertige Astdose. Die Rinde kann man dran lassen oder mit einer Axt entfernen.

Es dauert nicht lange, bis ein Baum oder ein Ast an der Sägeschnittstelle zu reißen beginnt. Ein paar kleine Risse am Hirnholz stören nicht, denn sie werden beim Aushöhlen des Rohlings weggeschnitten. Aber der Teil, der zu den Dosenwänden werden soll, muss völlig frei von Rissen sein. Wenn dein Rohling Risse aufweist, kürze ihn ein paar Zentimeter, damit du rohes Holz mit wenigen oder keinen Rissen erhältst. Steht dir ein passendes Holzstück zur Verfügung, aber keine Zeit, um es sofort zu bearbeiten, dann kannst du es in Wasser einlegen, um Schwundrisse zu verhindern.

SO GEHT'S

1. Mit deinem größten Bohrer bohrst du ein Loch durch das gesamte Holzstück. Bei Grünholz sind Spiralbohrer besser. Mit einem Stemmeisen kannst du das Material zwischen mehreren nebeneinander gebohrten Löchern mühelos entfernen.

2. Jetzt wird der Rohling mit einem Messer ausgehöhlt. Solltest du eine größere Astdose planen, helfen dir Arbeitshandschuhe dabei, Blasen an den Händen zu vermeiden. Verwende ein Messer mit einer schmalen Klinge. Der zu spitze Winkel einer breiten lässt das Messer eher ins Holz hacken statt schneiden. Falls du eine höhere Dose anfertigen willst, brauchst du ein langes Messer, um sie bis ganz unten aushöhlen zu können. Eine gute Technik für einen kleineren Ast ist, ihn mit der Hand zu fixieren und beim Schnitzen Holz und Messer gleichzeitig zu drehen, ungefähr so, als würde man Stoff auswringen.

3. Arbeite abwechselnd von beiden Seiten und versuche, die Seitenwände möglichst gleich dick zu halten. Für ausreichende Stabilität sollte die Wandstärke bei einer kleineren Dose etwa 5–6 mm, bei einer größeren 7–9 mm betragen. Eine kleinere Dose ist leichter zu bearbeiten und kann daher dünner werden, eine größere Dose braucht auch für die Festigkeit dickere Wände. Vergewissere dich zuletzt, dass der Dosenboden auf einer ebenen Fläche einigermaßen gut steht.

1.

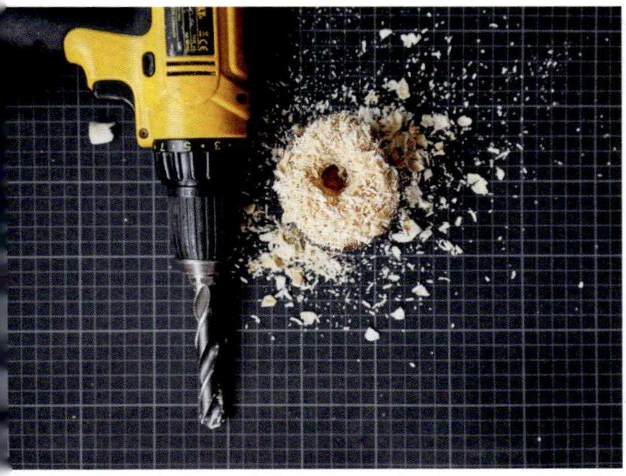

2.

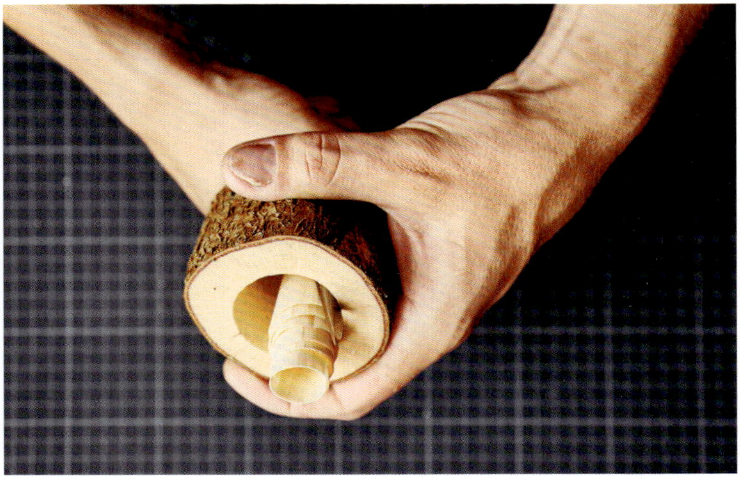

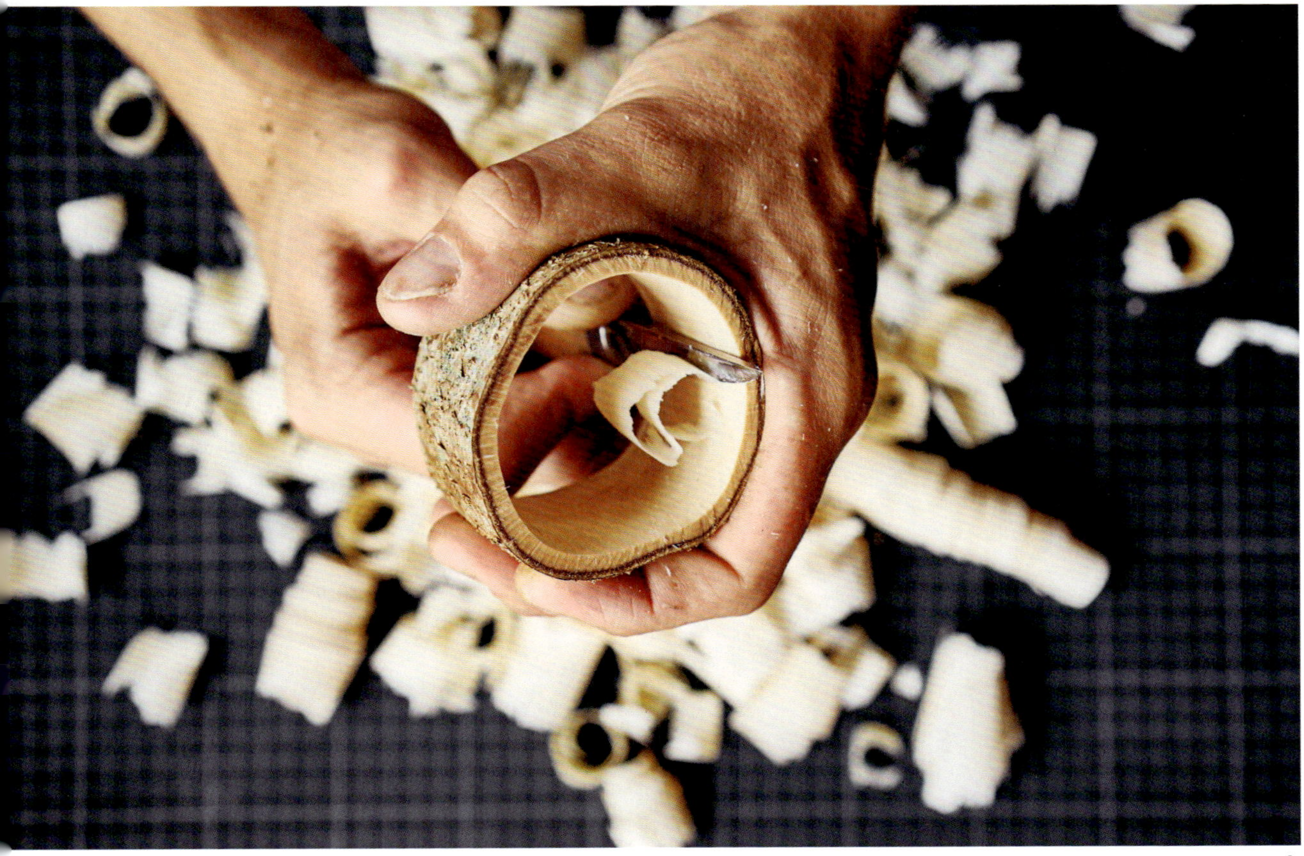

3.

4.

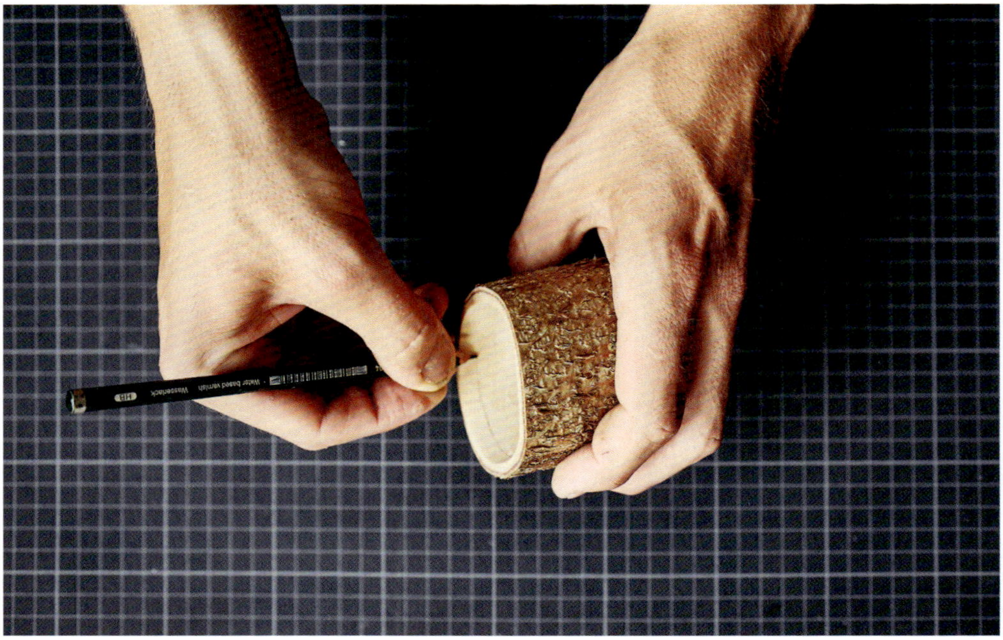

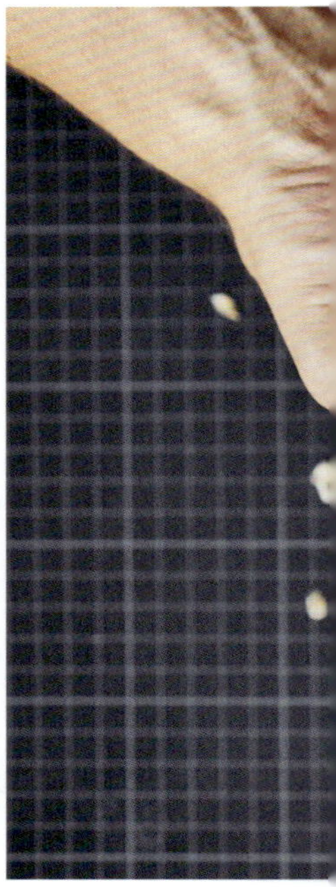

5.

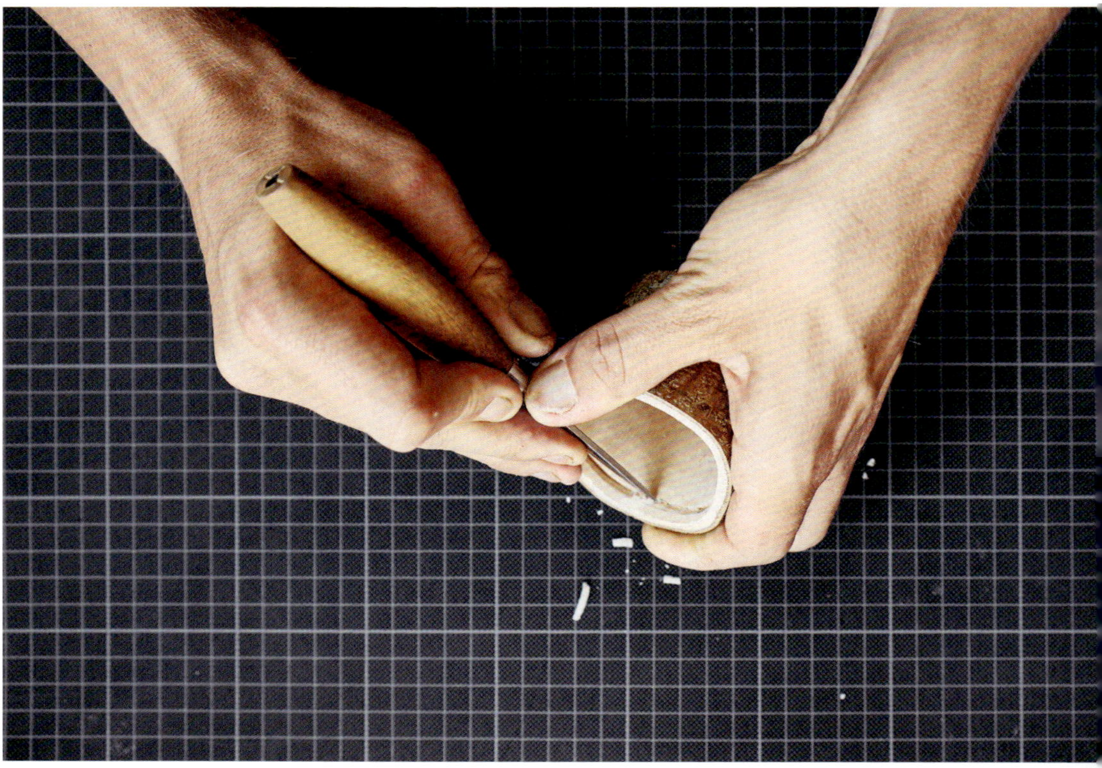

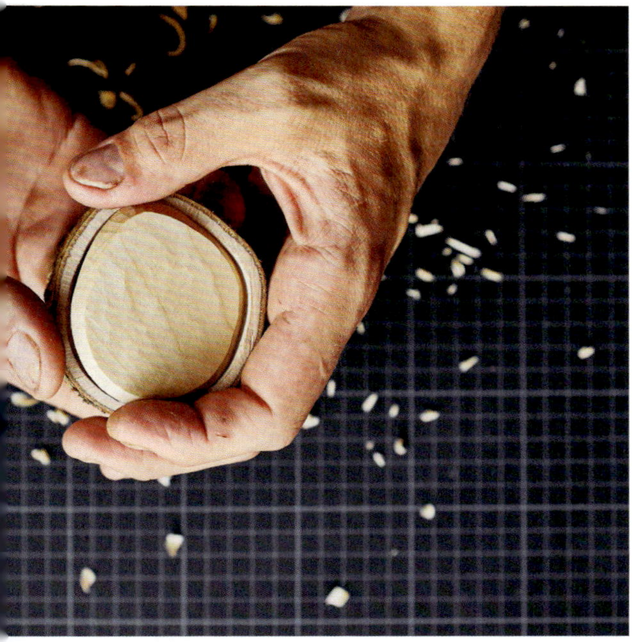

8.

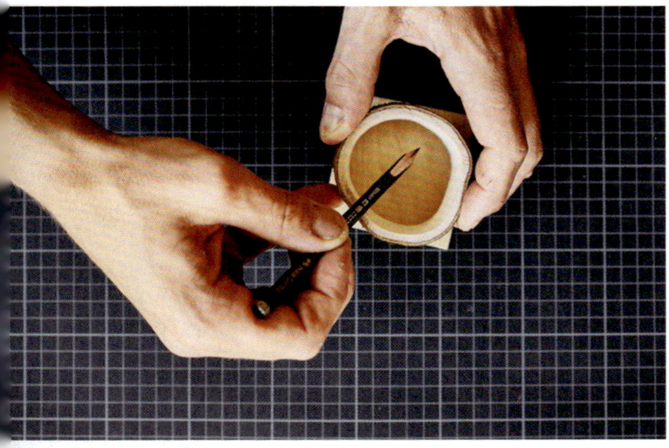

7.

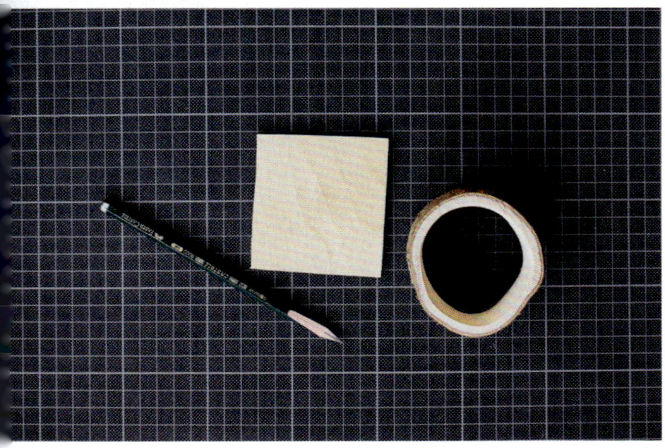

6.

4. Zeichne innen etwa 12 mm oberhalb der unteren Kante rundum eine Linie. Füge gleich darunter im Abstand von ungefähr 4 mm einen zweiten parallelen Strich hinzu.

5. Ziehe mit der Messerspitze erst entlang der oberen und dann der unteren Linie einen 3 mm tiefen Schnitt. Verbinde die Schnitte mit der Messerspitze zu einer sauberen und deutlichen Rille, die auf der Innenseite des „Rohrs" verläuft.

6. Den Boden fertigst du aus einem trockenen, astreinen Rohling mit einer Spaltklinge, mit Messer und Holzhammer oder mit dem Beil an. Zum Festhalten ist es gut, ein bisschen mehr Material stehenzulassen. So kommt das Beil beim Glätten der Hand nicht zu nah. Dann auf die passende Länge sägen, glätten und die Oberfläche sauber schnitzen. Die Bodendicke sollte ca. 4-6 mm betragen.

7. Spitze den Bleistift und stell das Rohr auf den Boden. Zeichne die innere Form des Rohrs ab. Setzte eine Markierungen auf das Rohr und den Boden, damit du weißt, wie die Teile beim Zeichnen standen. Das wird später beim Einpassen hilfreich sein.

8. Säge den Boden grob aus und schnitze dann bis zur Linie. Schräg im Anschluss die Kanten des Bodens ab, damit sie in die vorbereitete Rille passen. Sobald der Boden eingesetzt ist, lässt man die Dose etwa auf einem Geschirrständer trocknen. Ohne Rinde dauert es ein paar Tage, mit Rinde etwas länger. Falls du erreichen möchtest, dass die Dose langsamer trocknet, kannst du sie in den Kühlschrank stellen.

9. Sobald die Dose richtig trocken und der Ast um den Boden herum geschrumpft ist, beginnt man damit, den Boden eben zu machen. Schneide das Gröbste mit dem Messer weg und entferne den Rest dann mit einem Schleiftuch. Achte darauf, auf einer ebenen Unterlage zu schleifen.

10. Wenn die Unterseite der Dose eben ist, glättet man die obere Kante. Ein guter Trick dafür ist es, den Stift in entsprechender Höhe abzulegen. Auf dem Foto befindet er sich auf einer anderen Astdose, aber die ideale Ablage sind Bücher. Sie haben die passende Größe, sodass der Stift ruhig liegt, und sind unterschiedlich dick. Staple die Bücher so hoch, dass der Stift gerade den untersten Punkt am oberen Rand der Dose erreicht. Fixiere den Bleistift mit der einen Hand und fahre mit der Dose an ihm entlang, bis du eine Linie erhältst, die rundherum verläuft. Schneide mit dem Messer bis zu dieser Linie herunter.

Falls du die Rinde außen entfernt hast, schnitzt du nun die Außenseite sauber, sodass das Holz glänzt. Innen kann es schwierig sein, jetzt, nachdem das Holz getrocknet ist, mit dem Messer ein gutes Schnittbild zu erreichen. Es reicht, die Kanten leicht abzuschrägen. Die Innenseite darf ruhig ein bisschen uneben sein.

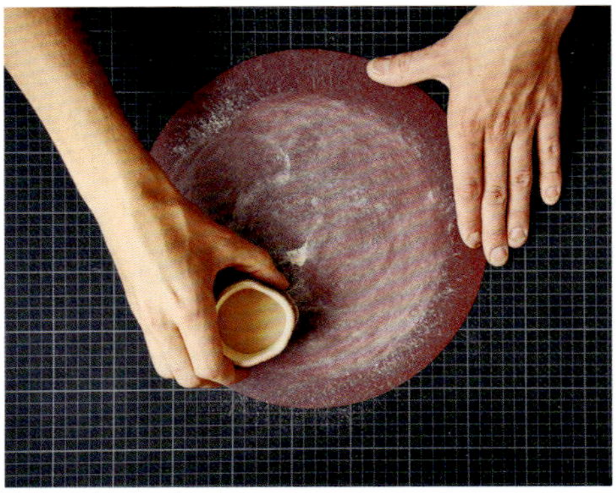

9.

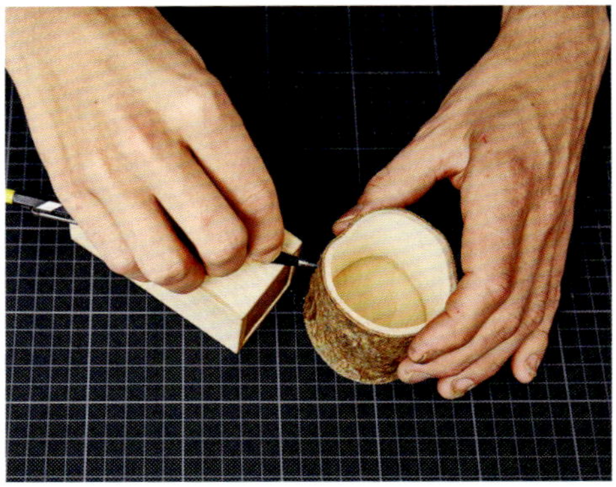

10.

GROSSE ASTDOSE

Einen großen Ast höhlst du am besten aus, indem du ihn auf dem Oberschenkel ablegst. Du brauchst für die Bearbeitung mehr Kraft und der Druck auf die Dose erhöht sich. Ein umfangreicher Rohling ist außerdem weicher und biegsamer und muss dickere Wände haben, damit er bei der Arbeit nicht zerbricht. Der Boden für ihn erfordert einen entsprechenden Durchmesser. Wenn der trockene Boden eingesetzt ist, wirkt sich die Feuchtigkeit des frischen Holzes auf ihn aus und er könnte sich wellen. Kontrolliere deswegen während des Trocknungsprozesses immer wieder, ob der Boden sich wie gewünscht in die Rille fügt. Wenn die Astdose ganz trocken ist, kann man die Wände noch etwas dünner schnitzen.

Deckel für die Astdose > Die genaue Form kannst du nach eigenem Geschmack gestalten. Die meisten Deckel werden durch einen Falz an Ort und Stelle gehalten, der zur inneren Form der Dose passt und ein paar Millimeter hineinreicht.

SO GEHT'S

1. Einen Rohling in der passenden Größe für den Dosendeckel zuschneiden. Zunächst die Unterseite mit dem Messer einebnen. Die äußere Form der Dose aufzeichnen, üblicherweise macht man den Deckel etwas größer als die Dose, ziehe die Linie also nicht zu nah an der Kante. Mach am Deckel und an der Dose eine Markierung, damit du die richtige Position wiederfindest. Säge den Deckel grob aus. Schnitze dann mit dem Messer bis an die Linie.

2. Bestimmt hat jeder schon einmal eine Münze unter ein Blatt Papier gelegt und sie mit dem Bleistift abgepaust. Mit dem gleichen Trick nimmt man die innere Form der Astdose ab. Hierzu schwärzt man den Zeigefinger mit einem weichen Bleistift und zeichnet so den Dosenrand an. Die Astdose auf den Tisch stellen und ein Blatt Papier darauflegen. Mit dem Finger den Dosenrand nachfahren, bis die innere Form der Dose auf dem Papier sichtbar ist. Entlang der Linie ausschneiden, die Schablone auf das Holz legen und rundum nachzeichnen.

Bevor man den Falz schnitzt, zeichnet man mit einem Strich die Außenmaße des Deckels an. Es reicht, wenn er 4-6 mm übersteht.

Es gibt unterschiedliche Techniken, um den Falz zu schnitzen. Wenn du ausschließlich mit dem Messer arbeiten willst, schneidest du mit der Spitze senkrecht entlang der Linie der inneren Dosenform.

Jetzt das Material von der Seite bis zum Schnitt mit dem Messer entfernen. Das nach und nach um den gesamten Deckel wiederholen. Den Falz glätten und fein schnitzen, bis der Deckel passt.

3. Man kann den Falz auch mit einer Säge herstellen. Damit man sicher und präzise sägt, spannt man den Rohling mit der Unterseite nach oben mit einer Zwinge an den Tisch. Am besten benutzt man eine Säge mit feinen Zähnen und breitem Blatt; eine Japansäge ist gut geeignet. Um nicht zu tief einzuschneiden, kennzeichnet man die Schnitttiefe auf dem Sägeblatt mit einem Klebeband. Mit vertikalen Schnitten entlang der Linie für die innere Form der Dose legst du den Falz an. Je mehr Schnitte du machst, umso weniger musst du schnitzen.

>>

4. Nach dem Sägen schnitzt du von der Seite den Falz frei und säuberst ihn mit dem Messer, um den Deckel anzupassen.

5. Wenn du magst, kannst du die Unterseite des Deckels mit den Löffelmessern aushöhlen, um den Deckel leichter zu machen. Beginne mit dem Aushöhlen einige Millimeter vor dem Falz, damit dieser nicht so leicht beschädigt werden kann.

6. Die Oberseite sauber schnitzen.

7. Die Kanten abschrägen.

8. Außen einölen.

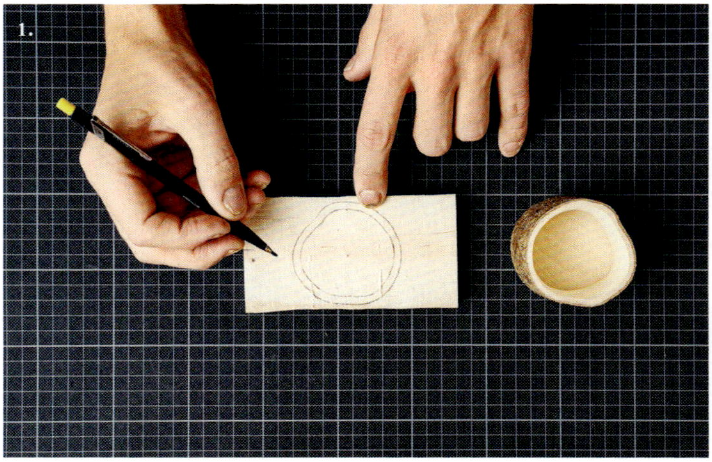

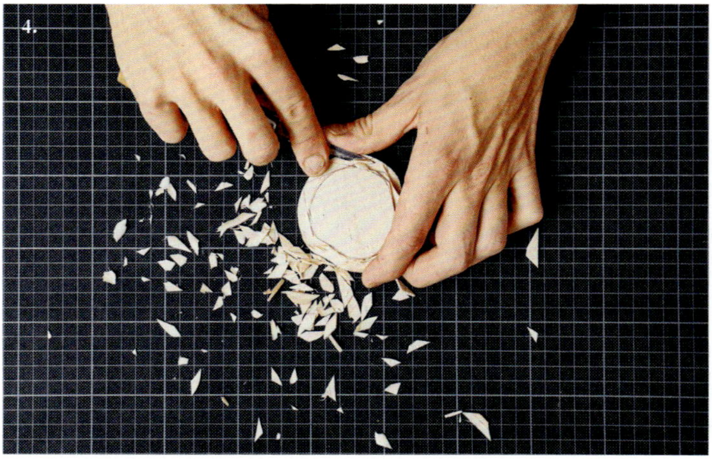

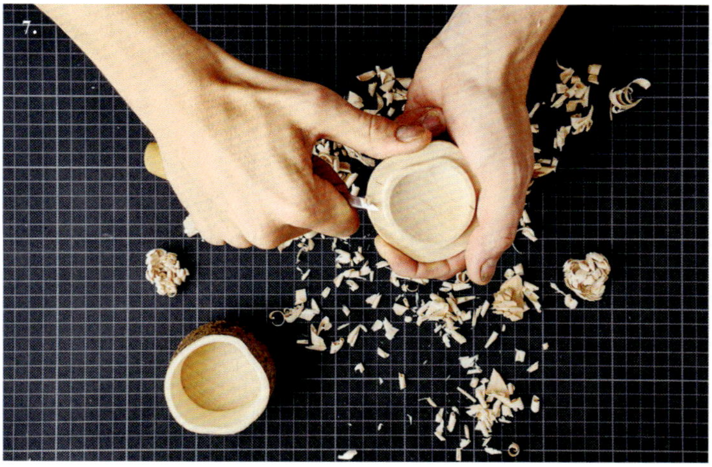

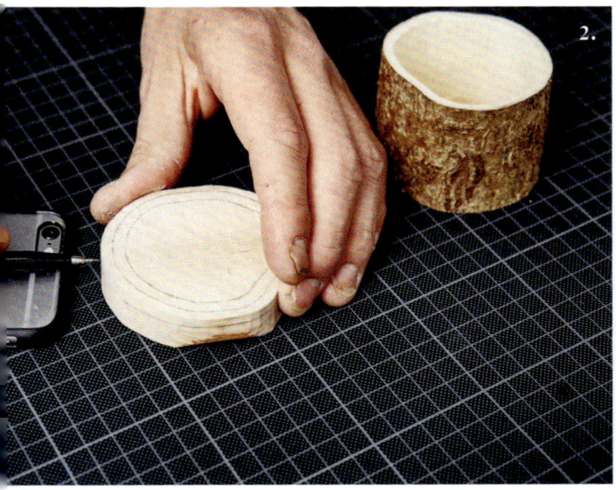

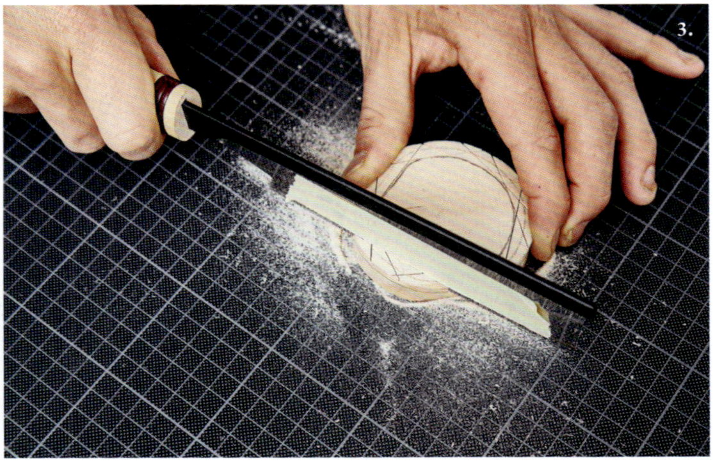

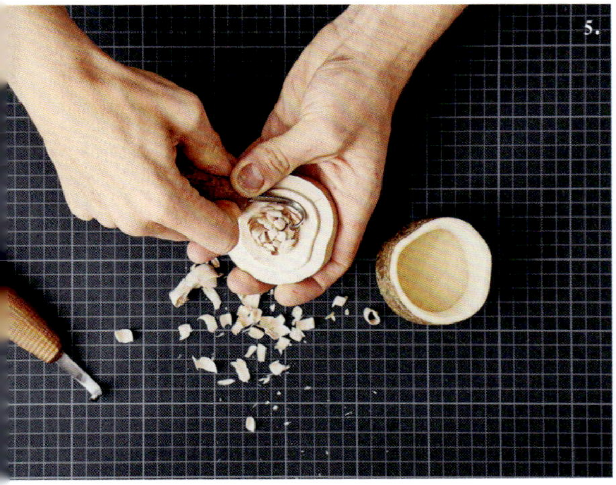

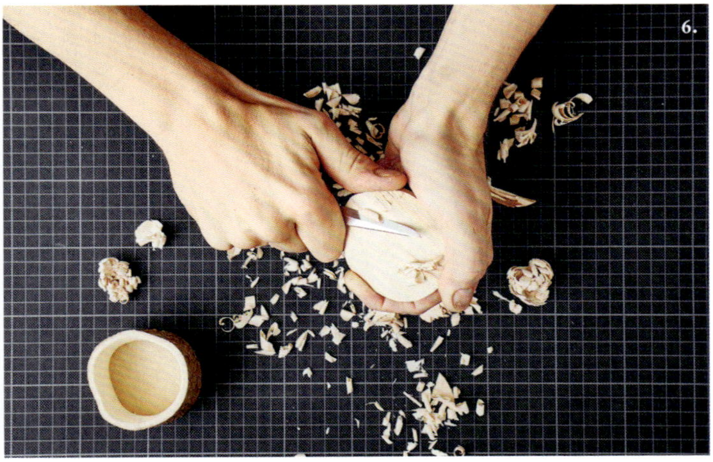

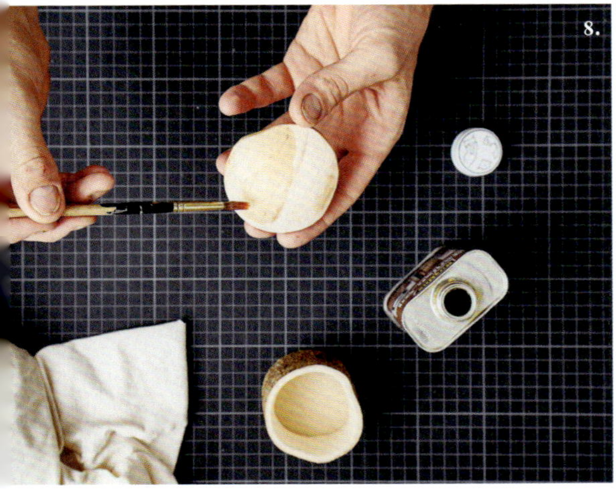

Falls du den Dosenrand nicht gerne mit dem Finger abpausen möchtest und du einen Kopierer hast, kannst du die Astdose verkehrt herum auf den Kopierer stellen und das Gerät die innere Form der Dose kopieren lassen. Schneide die innere Form mit einer Schere aus, leg sie auf das Holzstück für den Deckel und zeichne sie nach. Diese Methode ist allerdings etwas umständlich und so gar nicht Rock 'n' Roll.

Kleiderhaken

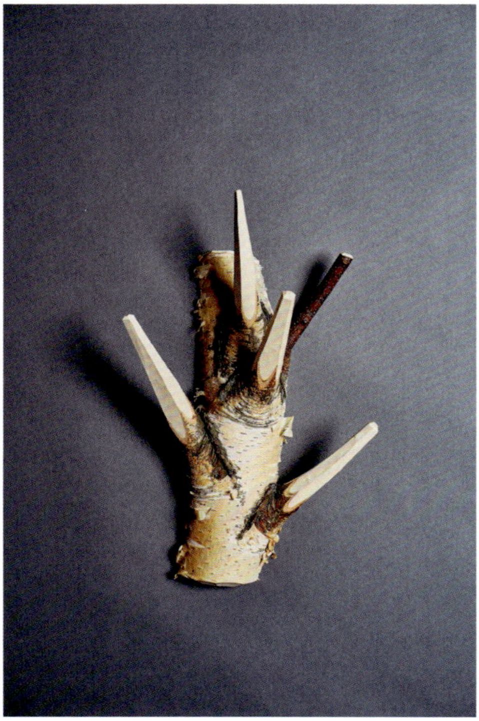

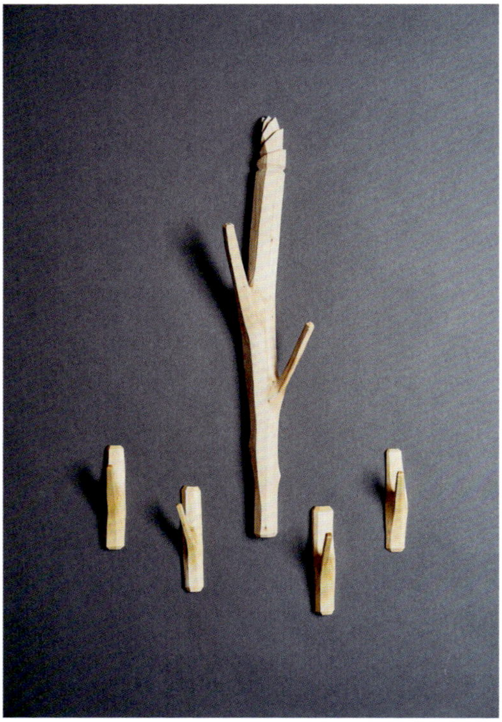

Zusammengesetztes Holz ist nie so stark wie das, was der Baum selbst erschafft, wenn er einen Ast vom Stamm treibt. Eine Baumkrone besteht im Grunde aus lauter potenziellen Kleiderhaken, es ist ein alter Trick, das auszunutzen. Manche Holzstücke eignen sich jedoch besser als andere, wenn du also einen Baum findest, bei dem sich viele Äste auf kleiner Fläche drängen, solltest du die Gelegenheit nutzen. Manchmal stößt man im Wald auf aussortierte Jungbäume, die liegen gelassen wurden. Der perfekte Zeitpunkt, um mit der Astsäge loszuziehen und die Baumkronen zu erkunden. Allerdings hat man nicht immer solches Glück, und wenn man einen Baum fällen will, braucht man natürlich die Zustimmung des Eigentümers.

KLEIDERHAKEN

Knorriger Ast • Bohrer und Bohrmaschine
Messer • Säge • Beil

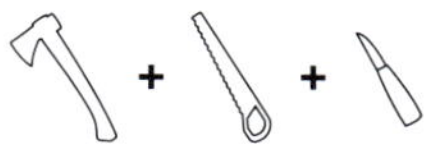

SO GEHT'S

Besorg dir ein passendes Holzstück. Denk daran, dass die Anordnung der Äste den Haken ausmacht, wähl das Holz also sorgfältig aus.

Den Rohling grob in Form bringen und an allen Enden 5–6 cm zusätzlich stehen lassen. Vergiss nicht, dass der Kleiderhaken oben und unten mit einem Nagel oder Schrauben befestigt werden und dass man diese Stellen mit Schraubenzieher oder Hammer erreichen können muss.

Überflüssiges Material wegschlagen und die Rückseite mit der Axt grob abflachen. Wenn der Kleiderhaken getrocknet ist, hat sich die Hinterseite gewellt, und du musst Sie erneut bearbeiten, damit sie gut an der Wand sitzt.

Den Kleiderhaken grob schnitzen und im Anschluss ein oder zwei Wochen trocknen lassen. Der Kleiderhaken wird höchstwahrscheinlich reißen, besonders dort, wo Äste noch Kernholz enthalten. Meist sind die Risse aber nur wenige Zentimeter lang und man kann sie oft absägen, wenn man die überständigen Längen abnimmt.

Beim Schnitzen des Kleiderhakens muss man viele unterschiedliche Griffe anwenden. Wenn du einen Rohling mit vielen Ästen hast, wird das Schnitzen besonders knifflig. Du musst ausprobieren, welche Griffe dir am besten weiterhelfen. An der Stelle, an der Stamm und Ast aufeinandertreffen, muss man sehr aufmerksam sein, weil dort unterschiedliche Faserrichtungen aufeinanderstoßen.

Die Kanten an den Enden abschrägen und wenn du magst, peppst du sie mit einem geschnitzten Knopf oder einem besonderen Abschluss auf.

Die Rückseite des Kleiderhakens so abflachen, dass er gut und fest an der Wand liegt. Vergiss nicht, die Löcher vorzubohren, damit das Holz nicht reißt, sobald du den Haken an der Wand festnagelst oder -schraubst. Falls du kein Loch in den Kleiderhaken bohren möchtest, gibt es auch verschiedene Aufhänger, die man an der Rückseite befestigen kann.

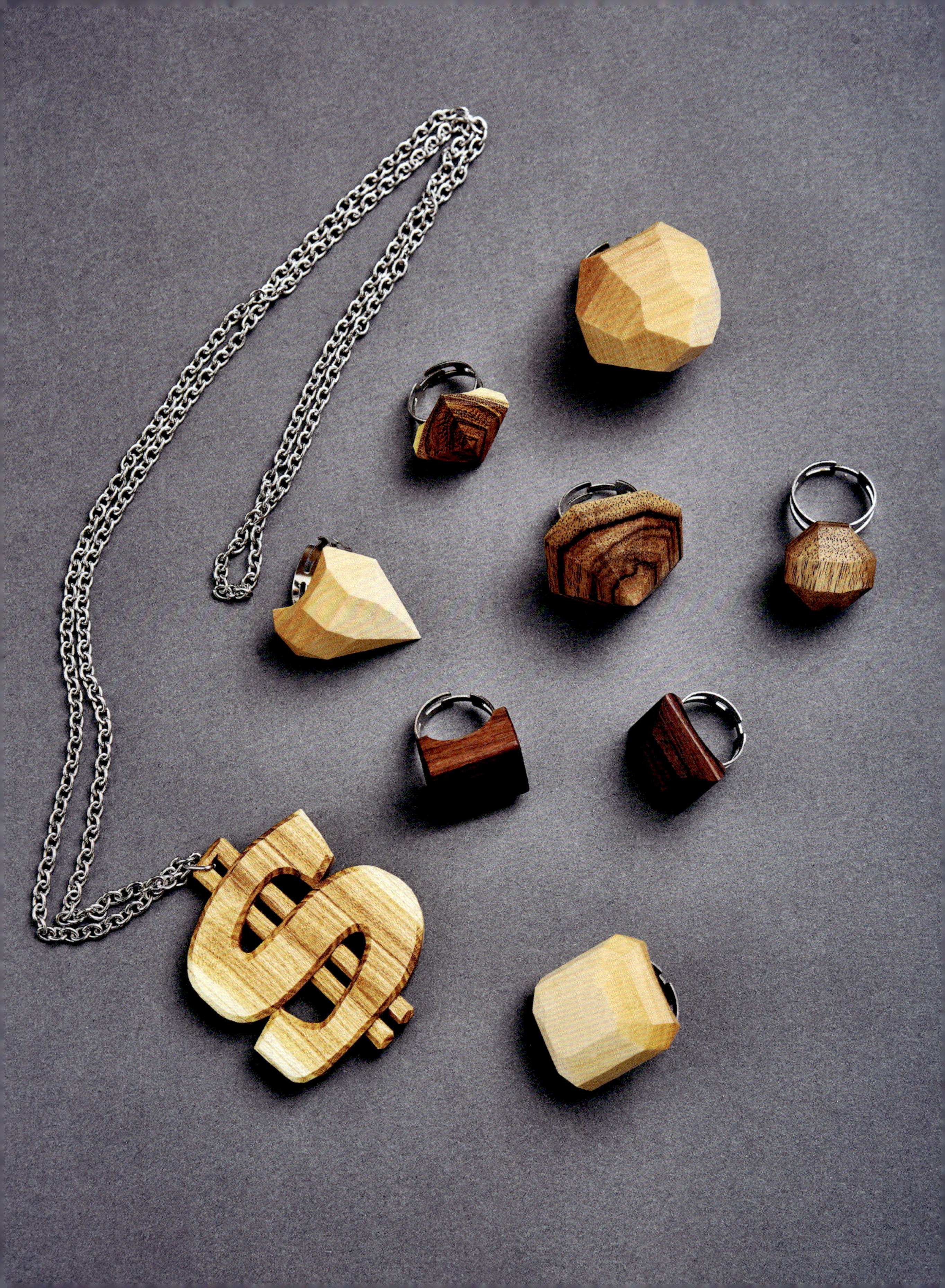

Knöpfe und Schmuck

Egal, ob man einen Ring oder einen Türknauf schnitzen oder nur den Griff einer Schöpfkelle verschönern möchte, die Vorgehensweise unterscheidet sich nicht groß. Nicht für alle Knöpfe braucht man eine Säge, aber es ist immer gut, die Form auf den Rohling zu zeichnen, damit man beim Schnitzen Linien hat, denen man folgen kann.

Viele arbeiten den Knopf am liebsten am Ende eines längeren Holzstücks und sägen ihn dann nach dem Schnitzen auf die passende Länge zu. Ein größerer Rohling lässt sich leichter halten, was das Schnitzen vereinfacht. Wie der Rohling genau aussehen soll, hängt davon ab, welche Form für den Knopf vorgesehen ist, aber meist klappt es gut, wenn man von einem viereckigen Rohling ausgeht.

KNOPF

Trockenes Holzstück • Messer • Säge • Beil

SO GEHT'S

Knopf > 1. Den Knopf auf eine oder mehrere Seiten des Rohlings aufzeichnen.

2. Es ist einfacher, den Knopf zu bearbeiten, wenn man rundum Schnitte in den Rohling sägt, auf die man dann zu schnitzt. Benutze eine Säge mit feinen Zähnen und markiere die Schnitttiefe mit Klebeband auf dem Sägeblatt, damit du nicht zu tief schneidest.

3. Die Knopfform freisägen. Alle Seiten so gleich wie möglich machen. Für ein gutes Endergebnis ist es wichtig, hier genau zu arbeiten. Neue Linien einzeichnen, die zeigen, wo die abgeschrägten Kanten anfangen und enden sollen.

4. Systematisch vorgehen und eine Kante komplett fertig schnitzen, bevor man eine neue beginnt.

1.

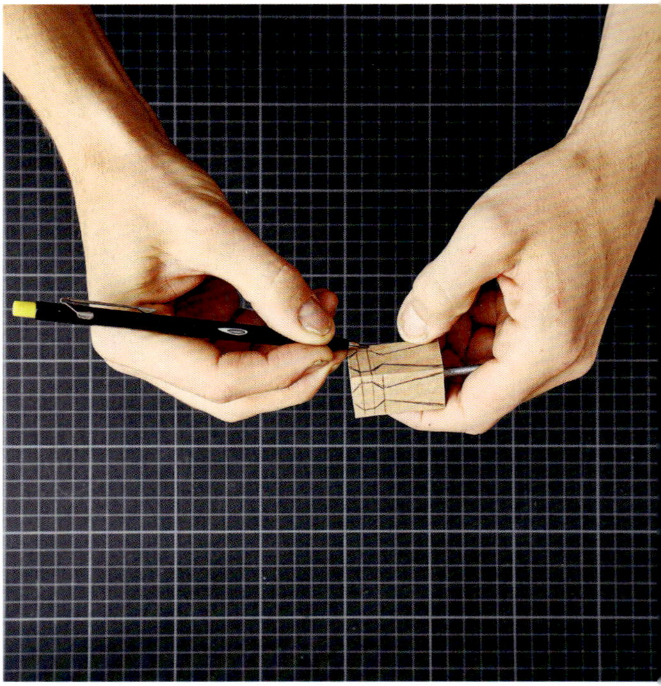

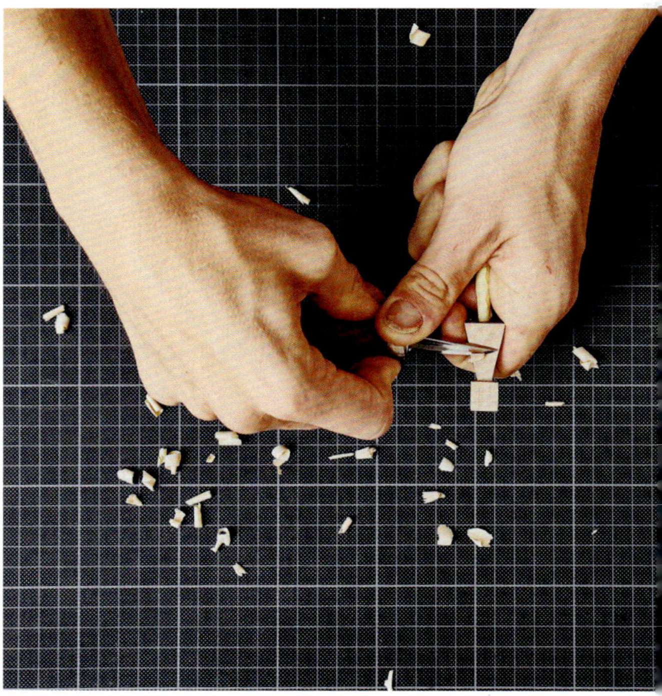

3.

2.

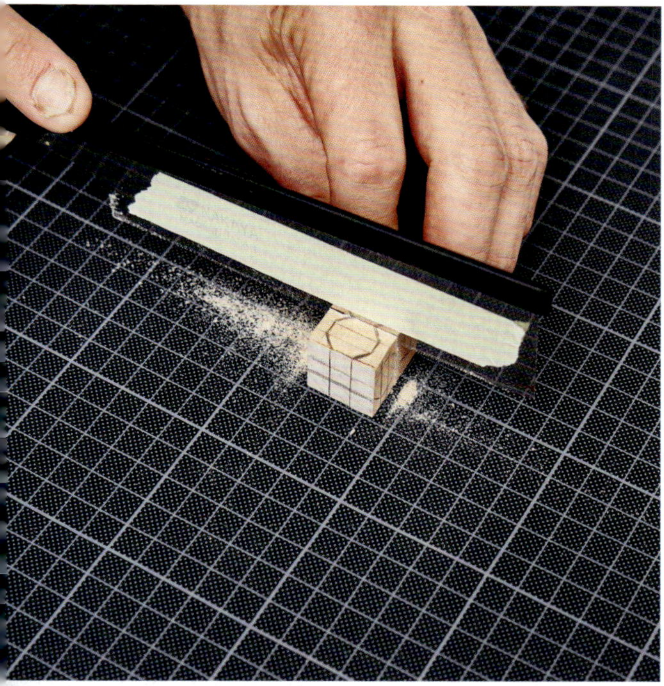

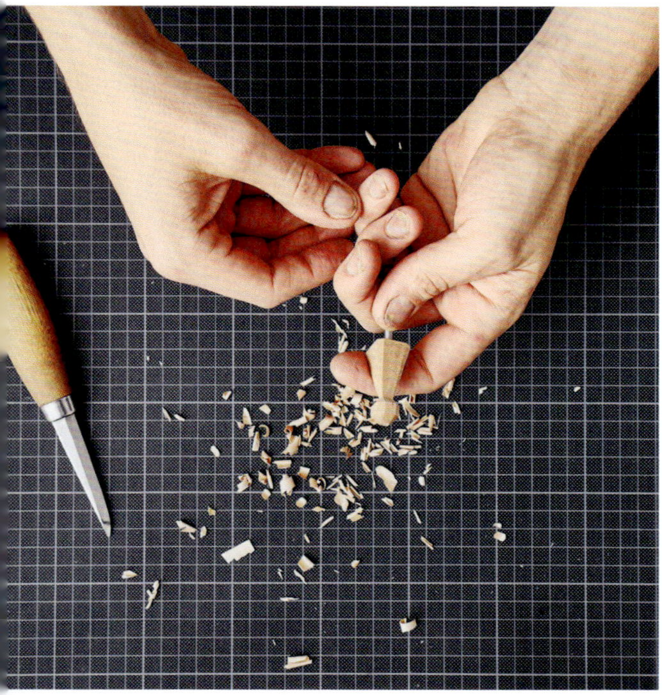

4.

KNOPF MIT SCHRAUBE

Trockenes Holzstück • Bohrer und Bohrmaschine • Messer • Schraube • Säge Zweikomponentenkleber • Beil

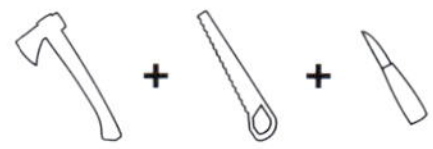

SO GEHT'S

Knopf mit Schraube > Um sicherzugehen, solltest du zuerst die Schraube in einen Rohling drehen und dann den Knopf anfertigen, nicht umgekehrt. Beim Bohren kann es passieren, dass das Loch nicht genau dort landet, wo man es haben möchte, und beim Verkleben der Schraube ist es mitunter schwierig, sie im Verhältnis zum Knopf perfekt gerade zu positionieren.

Bohre zunächst ein Loch in den Rohling, das groß und tief genug ist, um den Schraubenkopf samt Leim aufzunehmen. Die Schraube so gerade wie möglich festkleben. Wenn der Leim trocken ist, den Rohling nach der Schraube ausrichten. Vor dem Schnitzen die Schraube mit Klebeband abkleben, damit die Klinge keinen Schaden nimmt, falls das Messer dagegen stößt. Man kann den Rohling vorn länger lassen, für mehr Halt beim Arbeiten.

RING

Trockenes Holzstück • Messer • Ringrohling
Säge • Zweikomponentenkleber • Beil

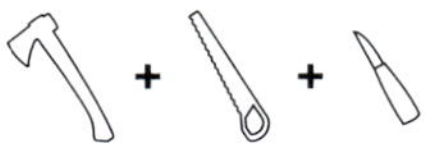

SO GEHT'S

Ring > Einen runden Ring komplett aus Holz zu schnitzen ist knifflig. Egal, wie man das Holzstück dreht, irgendwo gibt es immer kurze Fasern (wenn man kein langes Holzrohr am Finger möchte), und an dieser Stelle ist der Ring zerbrechlich. Es ist daher besser, im Bastelbedarf einen Ringrohling aus Metall zu kaufen und dafür einen schicken Knopf zu schnitzen. Damit der Ring Charakter bekommt und einzigartig wird, ist die Wahl des Holzes natürlich wichtig. Äste, Wucherungen und Befälle verändern das Holz und können zu außergewöhnlichen Ringen werden, aber auch ganz normale Birke hat in ihrer Schlichtheit Stil.

Die dunklen Ringe auf Seite 102 sind aus einem sehr harten, exotischen Holz, welches genau, ist schwer zu sagen. Diese Holzstücke stammen von einem alten Stuhl im 50er-Jahre-Stil, der nicht mehr zu retten war.

Auch bei einem Knopf für einen Ring ist es angenehmer, den Knopf aus einem längeren Rohling zu arbeiten und am Ende abzusägen.

Die meisten Knöpfe werden so geschnitzt, dass das obere Teil aus Hirnholz besteht, aber das ist keine Pflicht. Einige der Ringe auf dem Foto sind so gearbeitet, dass das Hirnholz an der Seite liegt und das Holz wirkt anders, wenn man aus dieser Richtung schnitzt.

Zuletzt den Knopf einölen, aber die Oberfläche, die auf den Ringrohling befestigt werden soll, unbehandelt lassen, damit der Kleber gut greift. Wenn die Unterseite gewölbt ist, muss man sie abflachen, damit man sie sicher auf die Ringplatte kleben kann.

Schalen und Platten

Möchte man ein größeres Gefäß anfertigen, braucht man für die Aushöhlung effektiveres Werkzeug als ein Löffelmesser, das sich mehr zum Schnitzen von kleineren Schüsseln oder Tellern eignet. Wenn das Holz richtig frisch ist, dauert es nicht lang, eine Vertiefung zu schnitzen, die groß genug ist, um ein paar Oliven, Ringe oder Gummibärchen aufzunehmen. Zieh Arbeitshandschuhe an, um Blasen an den Händen zu vermeiden. Die Vorgehensweise für große Schalen und Platten ist dieselbe wie für kleinere Gefäße, und die Anleitung auf den nächsten Seiten ist für beides gültig.

Es ist effektiver, von der Rinde weg zum Hirnholz hin auszuhöhlen, auch wenn einem die umgekehrte Richtung zunächst logisch erscheint. Der anschließende Trockenvorgang sorgt dafür, dass sich die Schale setzt und tiefer wird, sobald er abgeschlossen ist. Allerdings ist das Endprodukt ein kleineres Gefäß. Beim Aushöhlen vom Hirnholz weg zur Rinde hin geschieht das Gegenteil und die Schale ist nach dem Trocknen flacher als sie es beim Schnitzen war. Wie man auch vorgeht, das Endprodukt ist eine Schale, wähle also die Methode, die am besten zu deinem Holzstück passt.

SCHALE ODER PLATTE

Grünholz • Messer
Löffelmesser • Schleifpapier • Beil

SO GEHT'S

Den Rohling in der Länge zuhauen und mit dem Beil die äußere Gestalt der Schale grob zuschneiden.

Die innere Form des Gefäßes aufzeichnen und mit einem Löffelmesser aushöhlen. Vom Rand zur Mitte schneiden.

Wenn du mit dem Inneren zufrieden bist, bearbeite die Außenseite entsprechend. Die Schale fertigschnitzen, aber überall ca. 2 mm stehen lassen, damit für das Sauberschnitzen genug Material vorhanden ist. Wenn die Schale einen Rand oder ein anderes gerades Detail haben soll, arbeite auch hier nicht bis zur Endfassung, damit du nach dem Trocknen noch Korrekturen vornehmen kannst. Dies gilt vor allem für die Holzränder, die durch den Trocknungsprozess am meisten beeinflusst werden.

Nach dem Trocknen flacht man die Unterseite ab. Mit dem Messer das Gröbste abschneiden und den Rest abschleifen.

Wenn die Unterseite eben ist, wird die obere Kante bearbeitet, dafür wie bei der Astdose vorgehen (Schritt 10 auf Seite 96).

Zuschnitzen und die innere Form der Schale verfeinern. Das Gefäß von außen sauberschnitzen und mit deinem Lieblingsöl behandeln.

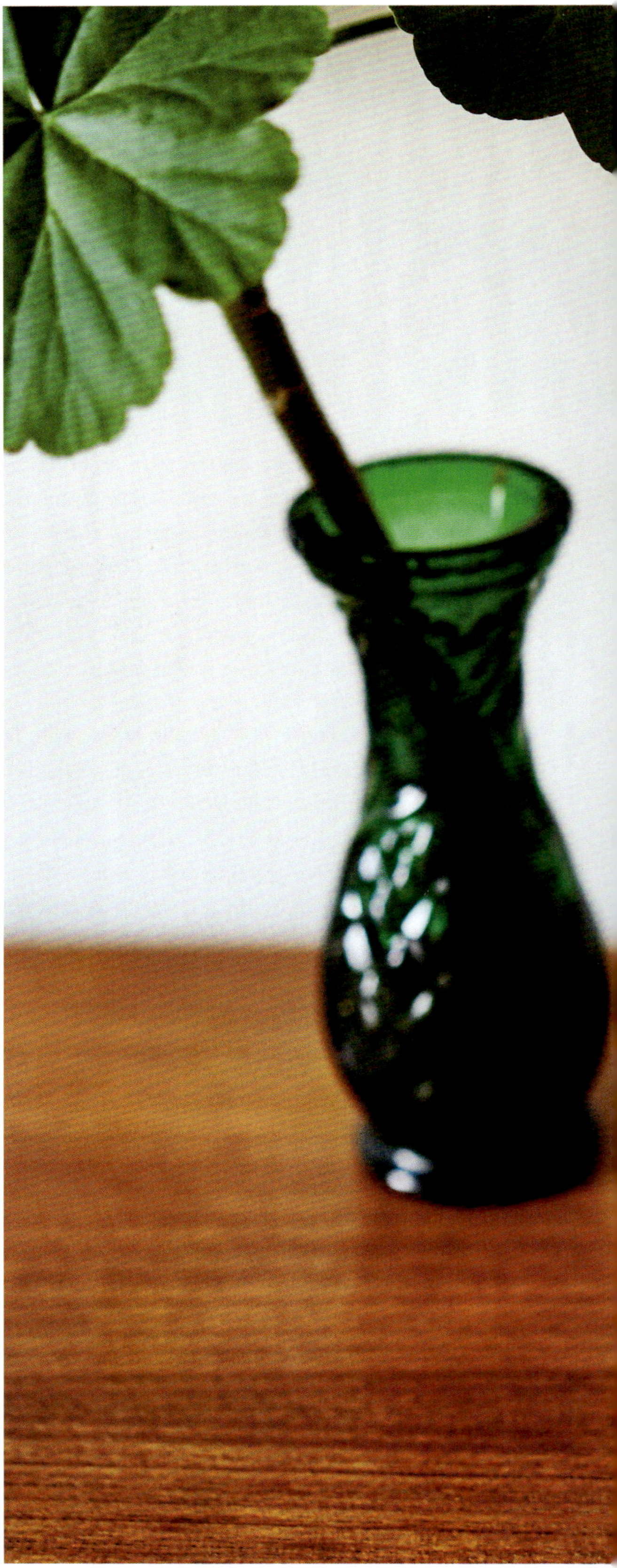

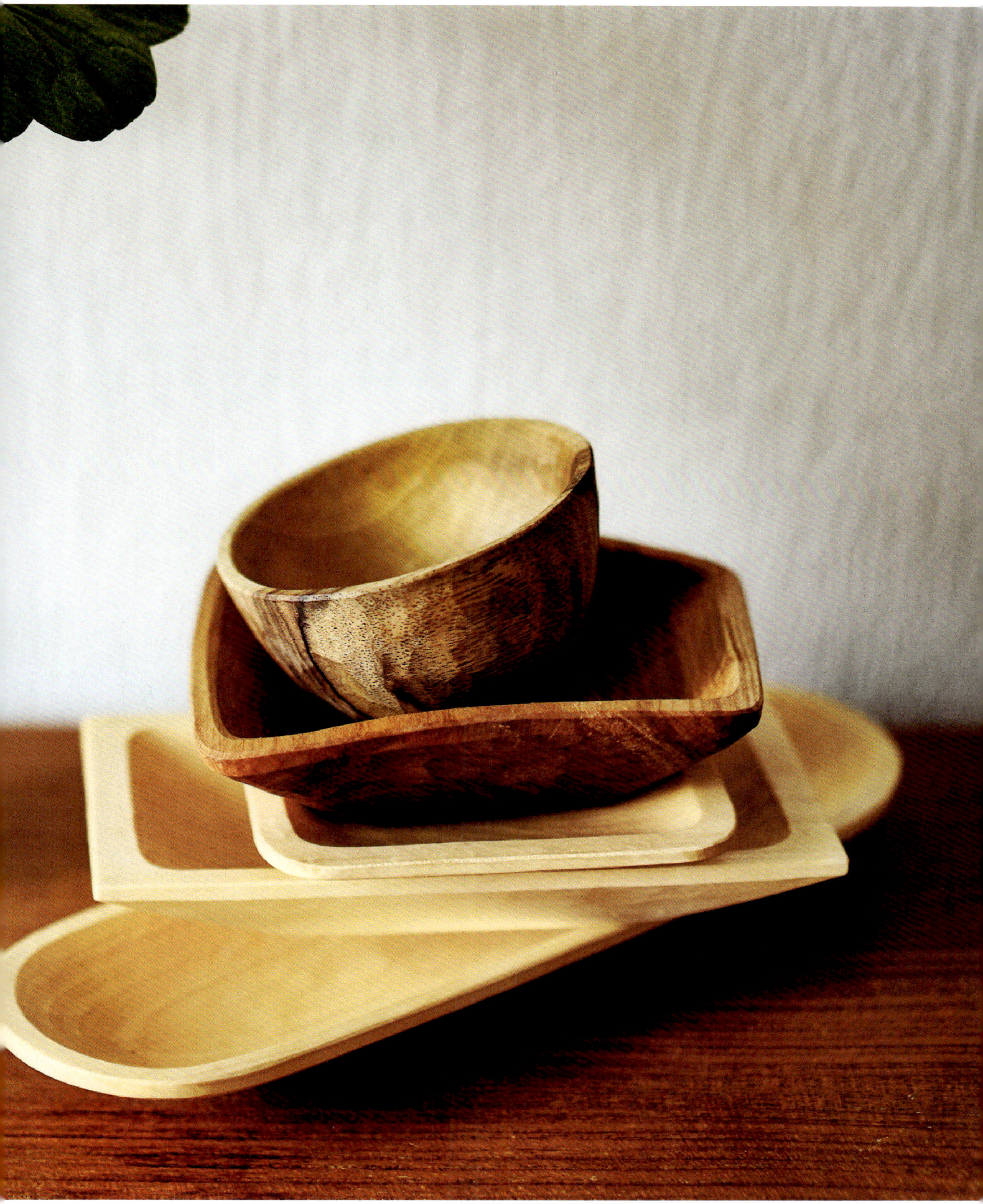

Kämme und Haarspangen

„Fliegt“ dein Haar nach dem Kämmen, weil es statisch aufgeladen ist? Mit einem selbst geschnitzten Holzkamm ist Schluss damit, außerdem ist er weicher als Kämme aus Metall oder Plastik. Sobald die Knoten ausgekämmt sind, steckt man das Haar natürlich mit einer geschnitzten Holzspange hoch.

Kämme werden aus trockenem Holz geschnitzt, und es ist klug, ringporige Eiche, Esche oder Ulme zu vermeiden, denn im porösen Frühlingsholz lösen sich leicht Fasern. Wir raten dir außerdem, einen Rohling mit liegenden Jahresringen aus einem Bereich so nah wie möglich bei der Rinde auszuwählen. Schließlich sollst du bei deinem Holzstück auf geraden Wuchs und Astreinheit achten, damit die Zähne des Kamms die größtmögliche Kraft haben. Verlaufen die Fasern nicht durch den gesamten Zahn, ist er schwach, und es besteht das Risiko, dass er beim Schnitzen bricht oder auch beim Kämmen verknoteter Haare (Bärte). Überleg dir genau, wie der fertige Kamm aussehen soll, bevor du zu schnitzen beginnst.

KAMM

Trockenes Holzstück • Messer • Beil • Säge mit feinen Zähnen

Sandpapier • Schraubzwinge

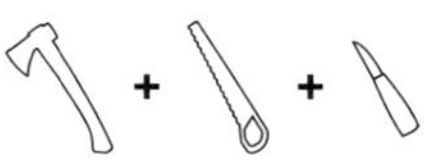

SO GEHT'S

Kamm > Haue einen Rohling zu, der ungefähr 20 cm lang ist und so breit wie der Kamm werden soll. Damit er nicht in der Mitte bricht, muss der Rücken etwa 1 cm dich werden. Der Kamm wird am Ende nicht höher als 5–6 cm sein, aber es ist gut, wenn man zunächst ein paar zusätzliche Zentimeter hat, um ihn für das Zähnesägen besser einspannen zu können. Falls du mit Grünholz schnitzt, musst du noch ein paar Zentimeter bei der Dicke zugeben (Holz mit liegenden Jahresringen verzieht sich stark beim Trocknen).

Am besten schnitzt man einen Kamm aus trockenem Holz. Falls du nur Grünholz hast, lass es lieber vorher trocknen.

Dünne die Seite des Rohlings mit Beil und Messer aus, wo sich später die Zähne befinden. 2–3 mm an der Spitze der Zähne und ca. 5–6 mm unten reichen. Die Tiefe des Einschnitts für Zähne vorzeichnen.

Für das Heraussägen der Zähne mit einer Japansäge den Rohling aufrecht oder liegend einspannen. Aufrecht geht es am einfachsten, aber auch liegend mit einer Zwinge am Küchentisch befestigt ist das Ergebnis gut. Einen Zahn nach dem anderen aufzeichnen und aussägen. Freies Sägen birgt das Risiko ungleicher Abstände.

Tipp! Wenn du den Rohling aufrecht einspannen willst, aber keine Werkbank hast, dann könntest du, vorausgesetzt sie ist ausreichend robust, die oberste Schublade einer Kommode herausziehen und den Rohling zum Sägen mit einer Zwinge an der Seitenwand festklemmen. Achte beim Sägen darauf, das Möbelstück nicht zu beschädigen.

Nach dem Sägen kappt man das Holzstück an der Oberkante auf die Höhe, die der Kamm haben soll.

Die Zähne mit dem Messer ausarbeiten, am einfachsten ist es, den Kamm dabei auf ein Schneidbrett zu legen und darauf zu schnitzen, damit man eine feste Unterlage hat.

Wenn die Zähne fertig sind, formst du den Rücken des Kamms. Gern die Kanten an Zähnen und Rücken abschrägen, damit sich der Kamm an der Kopfhaut und in der Hand angenehm anfühlt.

Schließlich knickt man Sandpapier, Körnung mindestens 180, in der Mitte und zieht es mehrmals zwischen jedem Zahnpaar hindurch, damit die Zwischenräume abgerundet und glatt und schonender für die Haare sind.

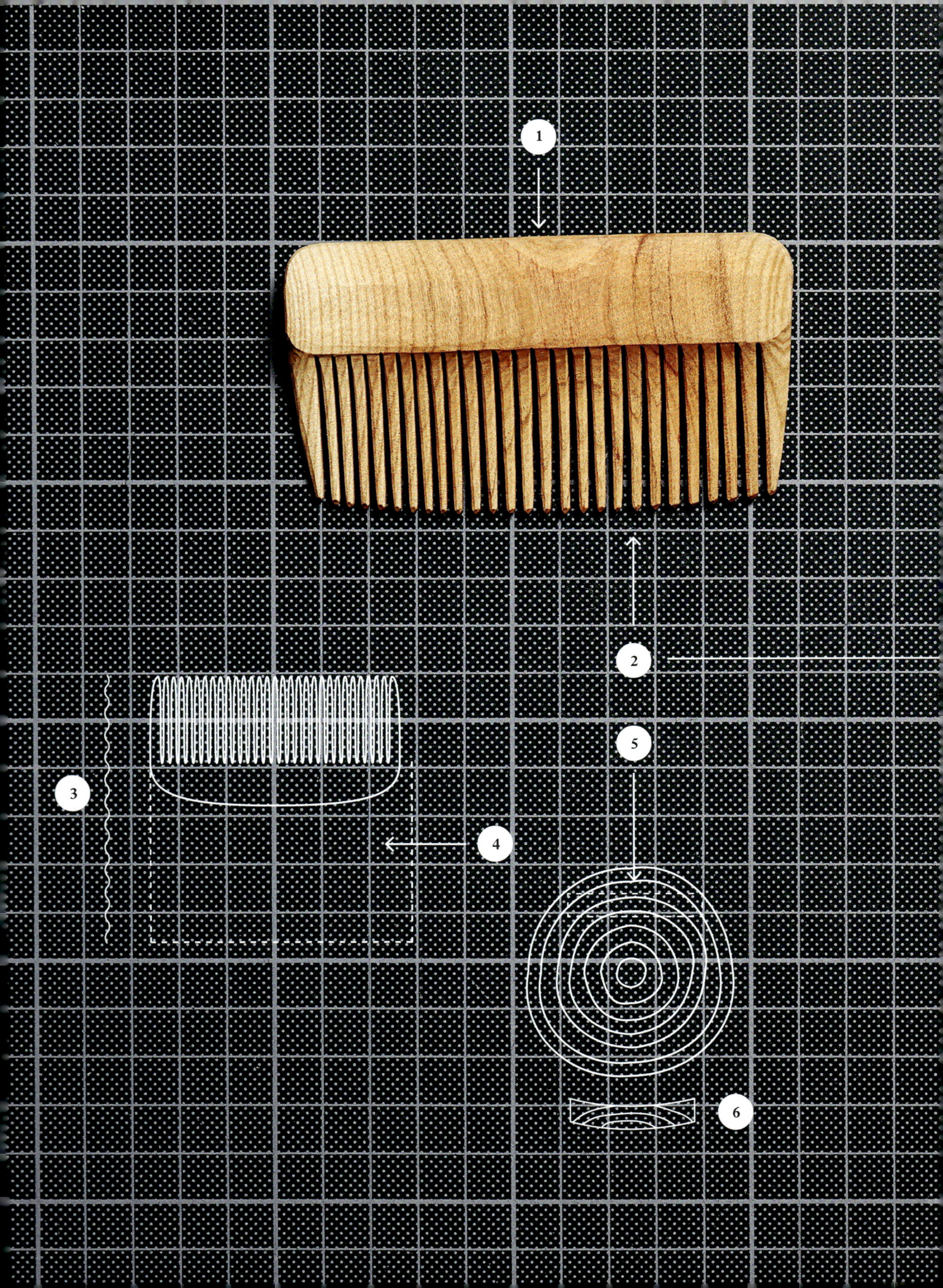
1
2
3
4
5
6

KAMM & AFROKAMM

1. Hirnholz 2. Die Spitzen abrunden 3. Rohling 4. Holz zum Einspannen 5. Kamm 6. So verzieht sich der Kamm 7. Kammprofil 8. 1 cm dick 9. 6 mm dick 10. 2 mm dick 11. Diesen Bereich nicht zu kurz anlegen 12. Hier mit Sandpapier schleifen 13. Säge 14. Beil

Hinweis!
Diesen Kamm besser nicht in der Gesäßtasche bei sich tragen

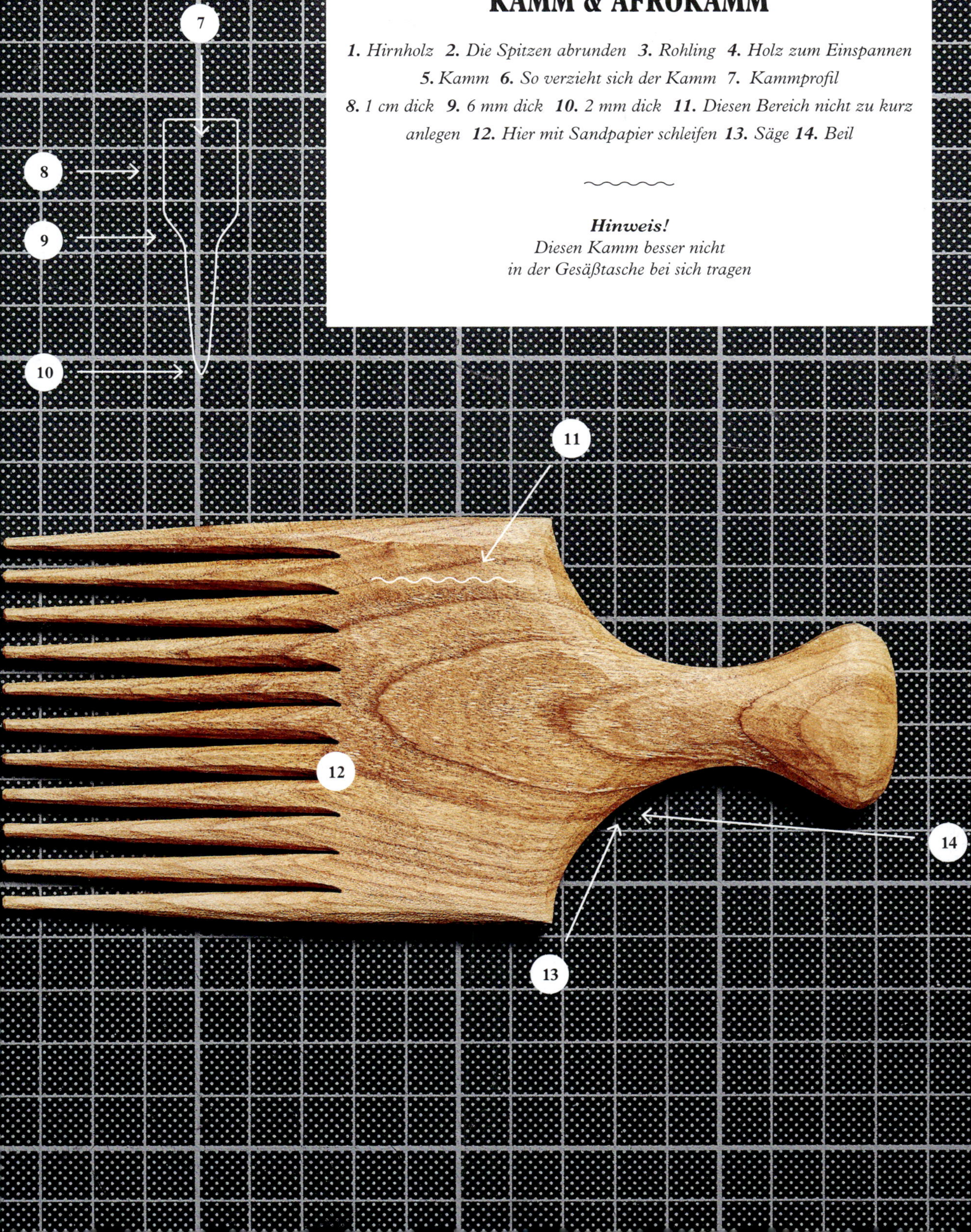

AFROKAMM

Trockenes oder frisches Holz • Messer
Säge mit feinen Zähnen • Sandpapier
Schraubzwinge

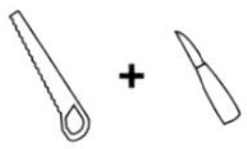

SO GEHT'S

Afrokamm > Entscheide im Vorfeld, wie der Kamm aussehen soll, und mach dir eine Skizze, um dir das weitere Arbeiten zu erleichtern.

Einen Rohling zuhauen, der ungefähr 1 cm dick ist und so lang und breit wie der Kamm werden soll. Auch hier ist ein Holzstück mit liegenden Jahresringen am besten. Der Afrokamm erfordert nicht so viel Finesse mit der Säge, sodass du in frischem Holz mehrere Schnitte machen kannst. Allerdings solltest du bedenken, dass sich der Kamm beim Trocknen wahrscheinlich etwas in der Breite verbiegt. Bevorzugst du einen geraden Kamm, musst du den Rohling etwas dicker zuschneiden.

Die äußere Form mit Beil und Messer erstellen. Die Seite für die Zähne von links und rechts so ausdünnen, dass er unten ungefähr 1 cm breit ist und sich nach oben zu den Zahnspitzen auf 3–4 mm verjüngt.

Die Zähne aufzeichnen. Den zukünftigen Handgriff des Kamms an einem Tisch, einer Werkbank oder wo es sonst möglich ist, einspannen. Die Zähne aussägen.

Die Zähne kann man auf zwei Arten sägen: Entweder setzt man einen Schnitt zwischen zwei Zähne und schnitzt dann die beiden halben Zähne mit dem Messer aus. (In diesem Fall vom Boden des Schnitts zur Zahnspitze schneiden, sonst brechen die Zähne ab.) Oder man sägt zwei Schnitte und formt im Anschluss den ganzen Zahn. Ist das Holz frisch, lässt man es jetzt trocknen.

Die Zähne und den Griff fertig schnitzen.

Schließlich knickt man feines Sandpapier in der Mitte und zieht es mehrmals zwischen je zwei Zähnen hindurch, damit die Zwischenräume abgerundet und glatt sind und die Haare schonen.

HAARSPANGE

Grünholz • Bohrer und Bohrmaschine

Messer • Säge • Beil

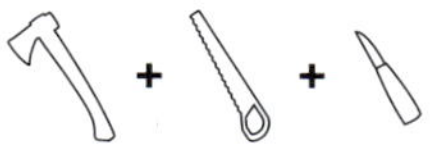

SO GEHT'S

Haarspange mit Stift > Den Rohling so zuschneiden, dass die Jahresringe möglichst flach liegen, damit eine robuste Haarspange entsteht.

Die Maserung soll quer zum ovalen Loch verlaufen. Das Holz über und unter dem Loch ist der schwächste Punkt der Spange. Deshalb soll sie in der Mitte dicker und zu den Rändern hin dünner sein. Die Lochgröße passt man an die Haarmenge der Benutzerin an.

Den Rohling zuhauen, der etwa 2 cm dick ist und breit genug für die gewünschte Spannbreite. Auf die richtige Länge absägen.

Auch für den Stift einen Rohling zuhauen, von etwa 1 cm Dicke und ein paar Zentimeter länger, als die Spange breit ist. Etwas mit dem Messer ausdünnen, bevor man ihn für die weitere Bearbeitung trocknen lässt.

Die Form der Spange aufzeichnen und mit dem Beil grob zuhauen. Gestalte die Spange leicht gewölbt, damit sie der Kopfform folgt. Die äußere Form kann man mit dem Beil bearbeiten, aber für die innere braucht man das Messer. Die schönere Seite gehört nach außen. Berücksichtige auch, wie sich das Holz beim Trocknen verzieht.

Zeichne das Oval an und bohre in die Mitte ein ausreichend großes Loch, damit das Messer hindurchpasst, und schnitze es auf die gewünschte Größe und Form.

Holz mit liegenden Jahresringen verändert sich stark beim Trocknen. Es ist sinnvoll, nicht zu viel von der Spange wegzunehmen, damit das Ergebnis nach dem Schwinden wie gewünscht wird.

Wenn die Haarspange getrocknet ist, arbeitet man die Form nach und eine hübsche Oberfläche heraus. Soll das Loch vergrößert werden, dann besser in der Breite als in der Höhe, damit die Spannung erhalten bleibt.

Den Stift, der die Haare und die Spange hält, schnitzen. Alles einölen.

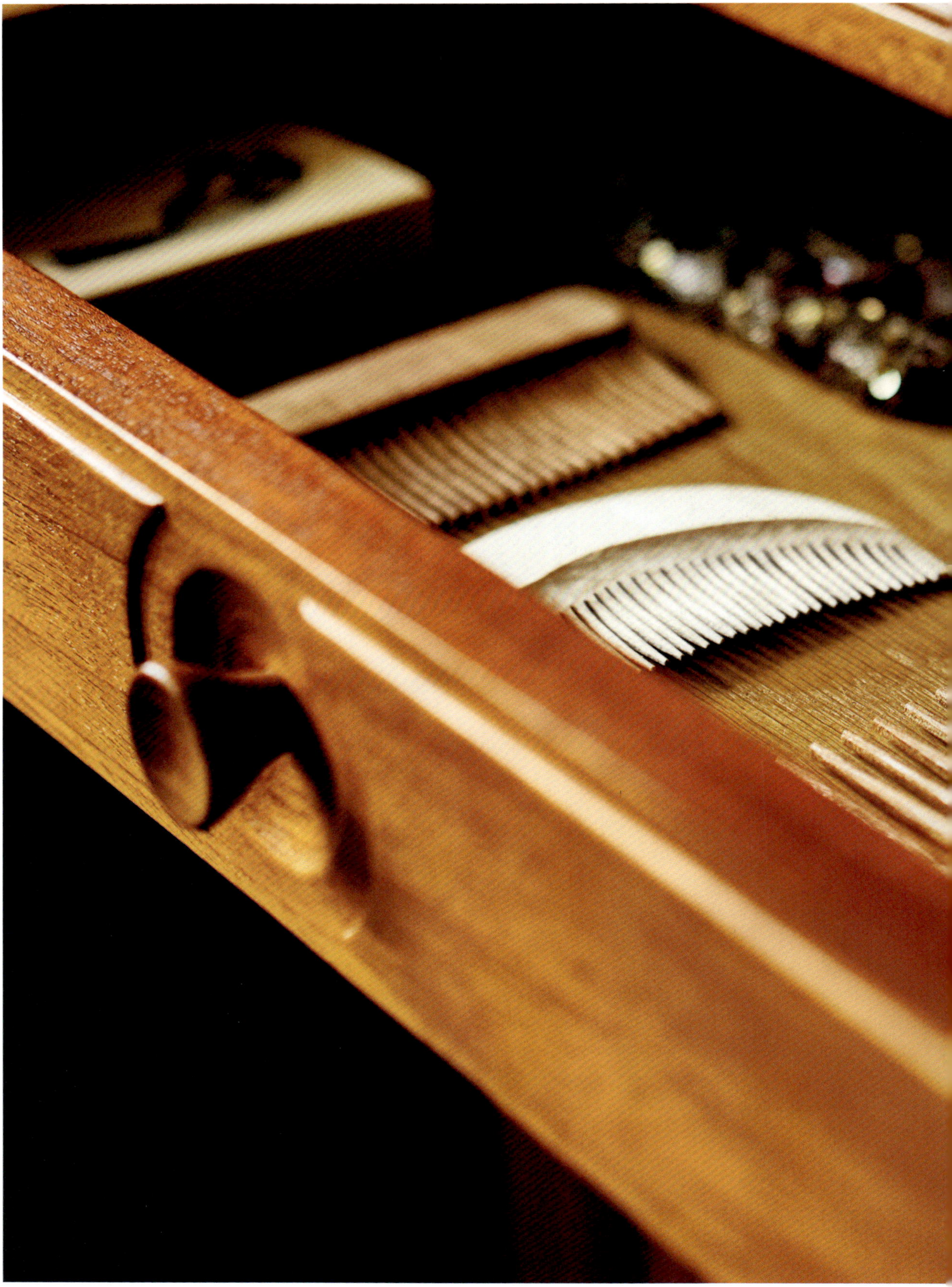

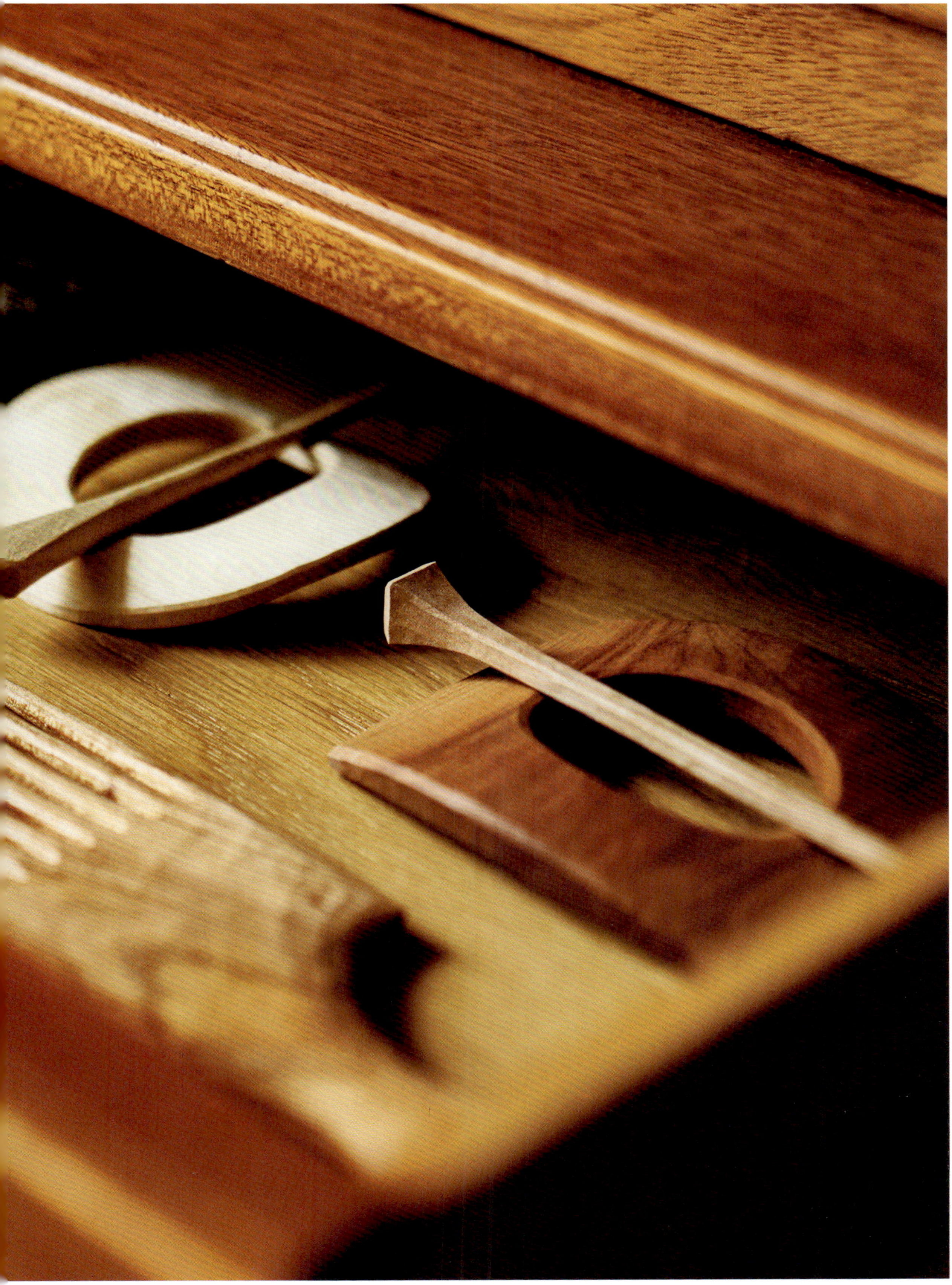

Barkeeper-Set

Heutzutage brechen Barkeeper Eiswürfel selbst zu und stellen ihren eigenen Tonic her – da dachten wir, es wird Zeit, diese engagierten Cocktailhandwerker mit einem Set geschnitzter Barwerkzeuge zu belohnen. Natürlich kann man die auch zu Hause als Hobbybarkeeper benutzen, selbst dann, wenn man meist nur Radler mischt.

ZITRUSPRESSE

Grünholz • Messer
Maßband • Säge • Beil

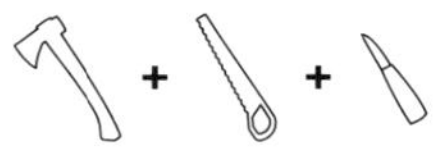

SO GEHT'S

Zitruspresse > Einen Rohling von etwa 15 x 5 x 5 cm zuhauen. Die Konturen der Zitruspresse aufzeichnen, einen Stoppschnitt sägen und den Griff anlegen. Den Kopf des Bargeräts erst grob mit dem Beil formen und dann mit dem Messer nacharbeiten. Die Form sollte weich geschwungen sein und in einer Spitze enden. Die Rippen fertigt man später an.

Den Übergang zwischen Griff und Kopf glätten, dann den Griff zuschneiden. Wenn die Form der Zitruspresse hübsch und symmetrisch aussieht, werden die Rippen angelegt.

Zunächst den Umfang am Kopfbeginn mit einem Maßband messen, er sollte ca. 15 cm betragen, wenn der Rohling 5 x 5 cm maß. Dann überlegst du, ob deine Zitruspresse acht oder 12 Rippen haben soll, und teilst den Umfang entsprechend durch acht oder 12.

Die Abstände, die beim Dividieren herauskamen, anzeichnen. Von den Markierungen bis zur Spitze Linien ziehen, sie bezeichnen die Oberkante der Rippen. Auf Grünholz zeichnet es sich leichter mit Tinte als mit einem Bleistift.

Mitten zwischen den aufgezeichneten Strichen einen etwa 5 mm tiefen Schnitt mit der Japansäge setzten, der nach vorne zur Spitze hin ausläuft. Den Vorgang bei allen vorgezeichneten Linien wiederholen.

Schneide mit dem Messer Stück für Stück weg, bis du einen gleichbleibenden Winkel von der Linie bis zum unteren Ende des Schnittes hast. Wiederhole den Vorgang rundherum. Du kannst die Kerben bis zur Spitze schneiden, aber es ist unnötig, zu viel Zeit darauf zu verwenden, bevor das Holz getrocknet ist.

Im getrockneten Holz schneidest du die Form und die Oberfläche sauber heraus. Wenn man die Furchen am Kopf der Zitruspresse schön schnitzt, dann vorsichtig von beiden Seiten. Versuche die Schnitte an der Spitze zusammenlaufenzulassen. Lass die Furchen nach und nach flacher werden, bis sie an der Spitze nur noch wenige Millimeter tief sind. Dann einölen.

Stößel > Um aus Obst, Kräutern und Gewürzen den vollen Geschmack herauszuholen, zerdrückt sie der Barkeeper mit seinem Stößel. Oft geschieht das direkt in dem Glas, in dem der Drink auch serviert wird. Denk daran, dass der Stößel also bis auf den Glasboden reichen soll und mach den Kopf nicht zu groß. Ein Durchmesser von 4 cm oder weniger, und du bist auf der sicheren Seite. Gläser haben oft keinen ebenen Boden, damit der Stößel auch überall hinreicht, rundet man ihn am besten ab.

STÖSSEL

Grünholz • Messer
Säge • Beil

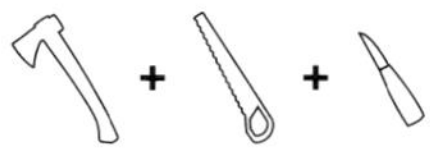

SO GEHT'S

Einen Rohling von etwa 25 x 4 x 4 cm zuhauen. Die Form aufzeichnen, einen Stoppschnitt sägen und den Griff mit dem Beil fertigen. Den Kopf des Stößels erst grob zubeilen und dann feiner mit dem Messer abrunden.

Den Übergang von Griff und Kopf glätten, dann den Griff zu schnitzen. Wenn der Stößel langsam so aussieht, wie du ihn dir vorgestellt hast, lässt du ihn eine Woche lang trocknen, bevor du an ihm weiterarbeitest.

Die Form sauber schnitzen und eine schöne Oberfläche schaffen. Den oberen Teil abschrägen oder -runden, damit er beim Stoßen gut in der Hand liegt. Die Unterseite wird leicht abgerundet.

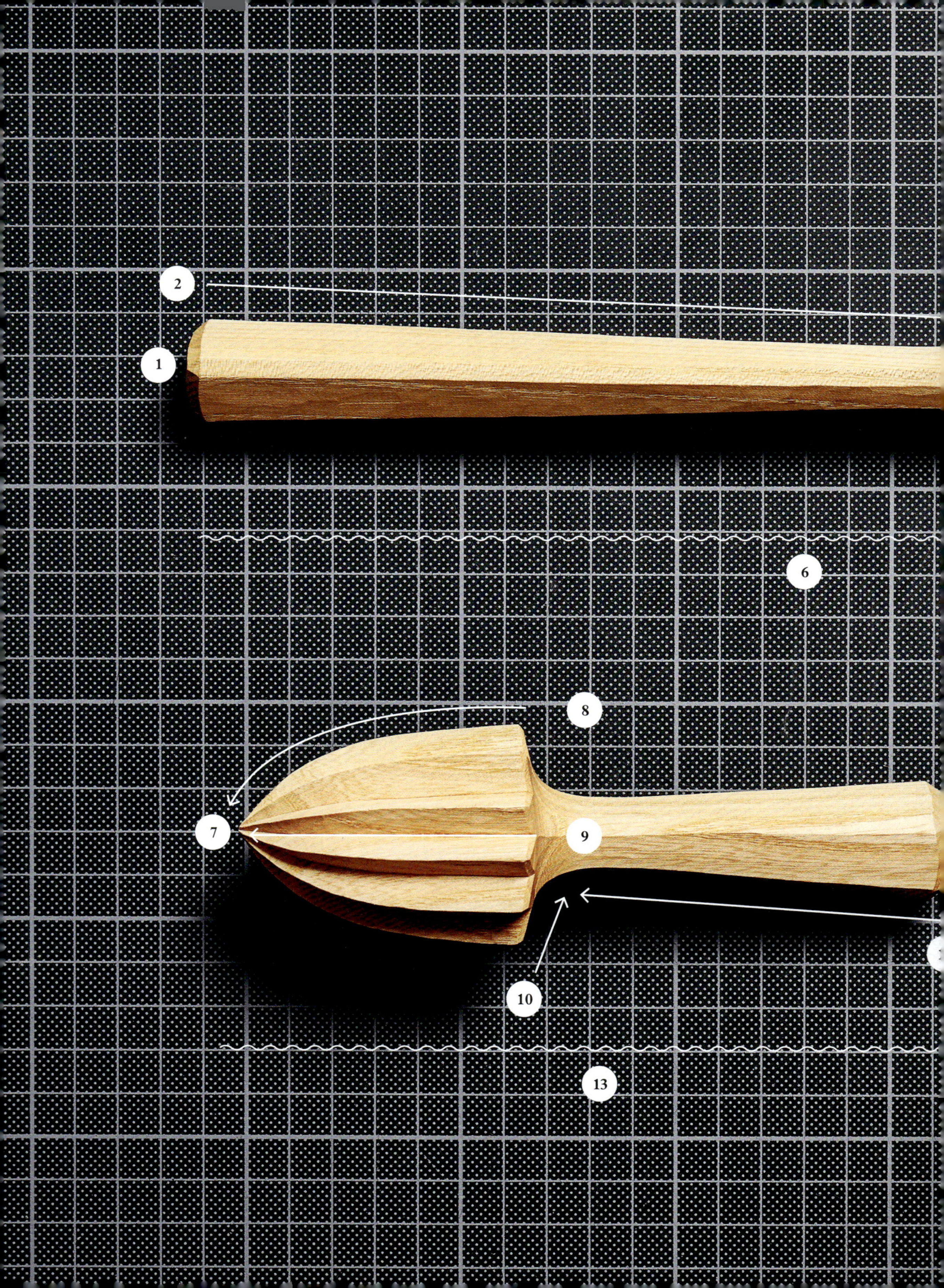
2
1
6
8
7
9
10
13

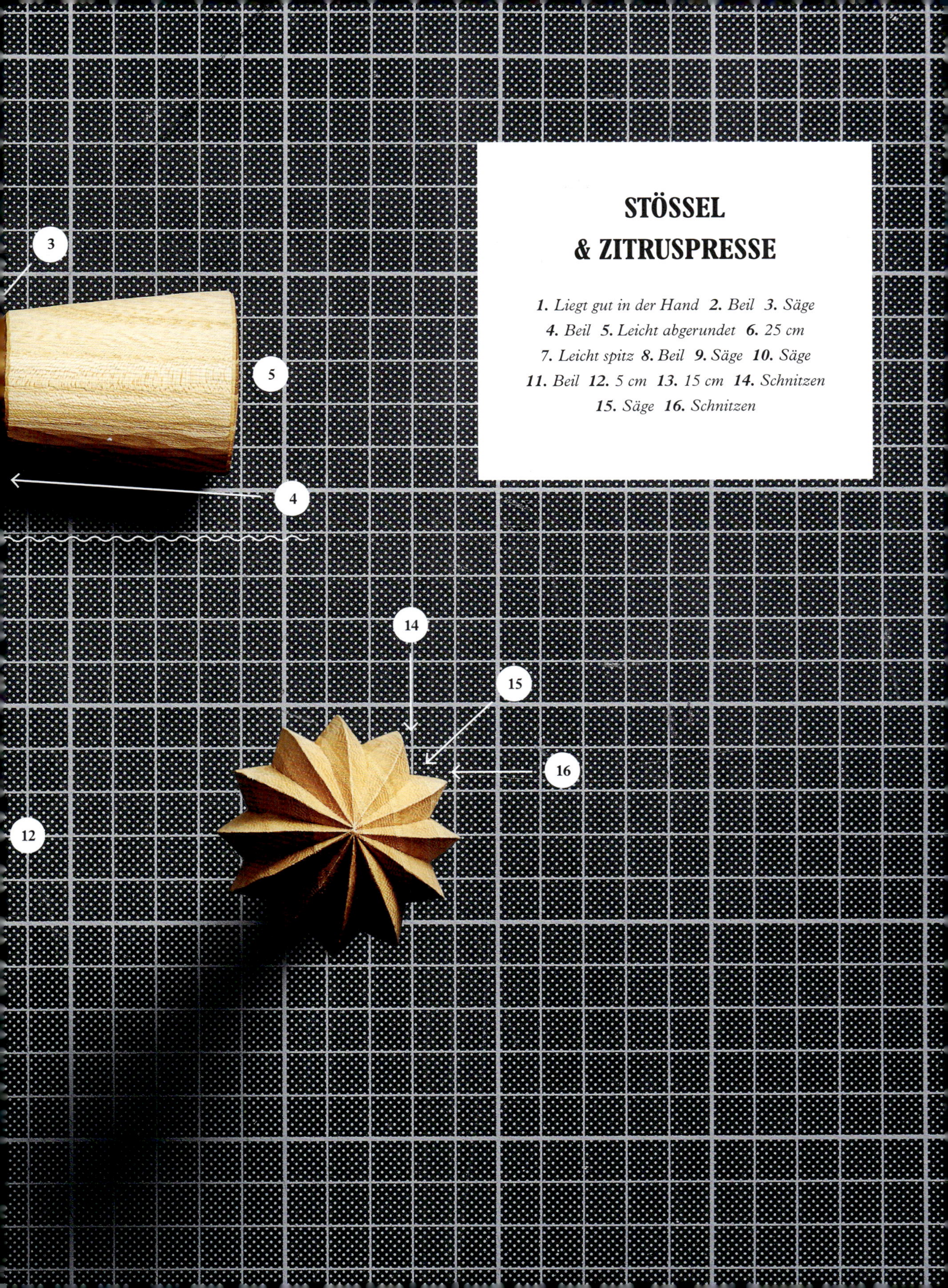

STÖSSEL & ZITRUSPRESSE

1. *Liegt gut in der Hand* ***2.*** *Beil* ***3.*** *Säge* ***4.*** *Beil* ***5.*** *Leicht abgerundet* ***6.*** *25 cm* ***7.*** *Leicht spitz* ***8.*** *Beil* ***9.*** *Säge* ***10.*** *Säge* ***11.*** *Beil* ***12.*** *5 cm* ***13.*** *15 cm* ***14.*** *Schnitzen* ***15.*** *Säge* ***16.*** *Schnitzen*

Barlöffel > Wenn man ein besonders hohes Glas umrühren will, braucht man einen extralangen Löffel. Folge der Anleitung zum Löffelschnitzen auf Seite 70, aber verlängere den Griff deutlich. Ein Barlöffel ist üblicherweise ca. 30 cm lang.

Messbecher > Er besteht aus Hirnholz und wird genauso geschnitzt wie die Espressotasse auf Seite 86. Allerdings handelt es sich beim Messbecher sozusagen um zwei am Boden verbundene Espressotassen. Vergiss nicht, etwas Material für einen schönen Ausgießer einzuplanen.

Flaschenverschluss > Es handelt sich um einen schönen, passenden Knopf mit einem Korken. Die Schnitzanleitung für einen Knopf findest du auf Seite 104. Dann wie nebenan beschrieben weitermachen.

FLASCHENVERSCHLUSS

Trockenes Holz • Bohrer und Bohrmaschine • Messer • Korken • Säge Zweikomponentenkleber • Beil

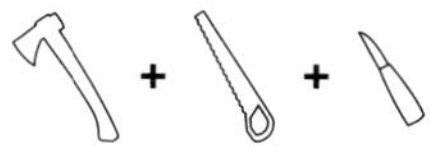

SO GEHT'S

In Spezialgeschäften für die eigene Wein- und Bierherstellung gibt es Korken in allen Größen und Formen. Kaufe einen wiederverwendbaren mit Plastikkopf und entferne diesen. Hirnholz lässt sich kaum kleben, sodass man Korken und Knopf mit einem Zapfen verbinden muss. Mit einem 6 mm Bohrer ein Loch in Knopf und Korken bohren. Aus trockenem Holz einen passenden Zapfen schnitzen, auf die richtige Länge kürzen und mit Holzleim festkleben. Wenn du einen Bohrer besitzt, der den gleichen Durchmesser wie der Korken hat, kannst du eine 2-3 mm tiefe Aussparung für den Korken bohren. Auf diese Weise wird die Verbindung zwischen dem Knopf und dem Korken schöner und stabiler.

SIEB

Grünholz • Bohrer und Bohrmaschine
Messer • Löffelmesser • Säge • Beil

SO GEHT'S

Sieb > Ein Sieb ist eine Kelle mit Löchern und einer Ablage vorn. Bohre die Löcher, bevor du die Laffe aushöhlst.

Haue zuerst mit dem Beil die zwei Profile der Kelle frei, aber runde die Laffe unten noch nicht ab. Zeichne die innere und äußere Form auf und die Position der Löcher. Vergiss dabei nicht die Ablage vorn.

Gerade zu bohren klingt leichter, als es ist. Ein alter Trick für senkrecht gebohrte Löcher rät, vor einem Spiegel zu bohren. Im Spiegel kann man besser kontrollieren, ob man die Bohrmaschine gerade hält. Wenn der Winkel sowohl von der Seite als auch von oben stimmt, dann sind die Voraussetzungen gut für gerade Bohrungen. Benutze einen Bohrer mit ca. 3 mm Durchmesser. Sind die Löcher gebohrt, wird die Unterseite des Siebs abgerundet. Dann weiter gemäß der Anleitung auf Seite 70.

COCKTAILSTAB

Grünholz • Messer • Beil

SO GEHT'S

Cocktailstab > Es ist nicht so schwer, einen Stab zum Umrühren anzufertigen. Reicht er über die Kante und beansprucht im Glas nicht zu viel Raum, entspricht er den Anforderungen. Falls der Cocktailstab einen Knauf haben soll, muss man mit einem dickeren Stück beginnen und es anschließend mit dem Messer ausdünnen. Ansonsten haut man den Stab so dünn wie möglich zu und schnitzt ihn dann fertig.

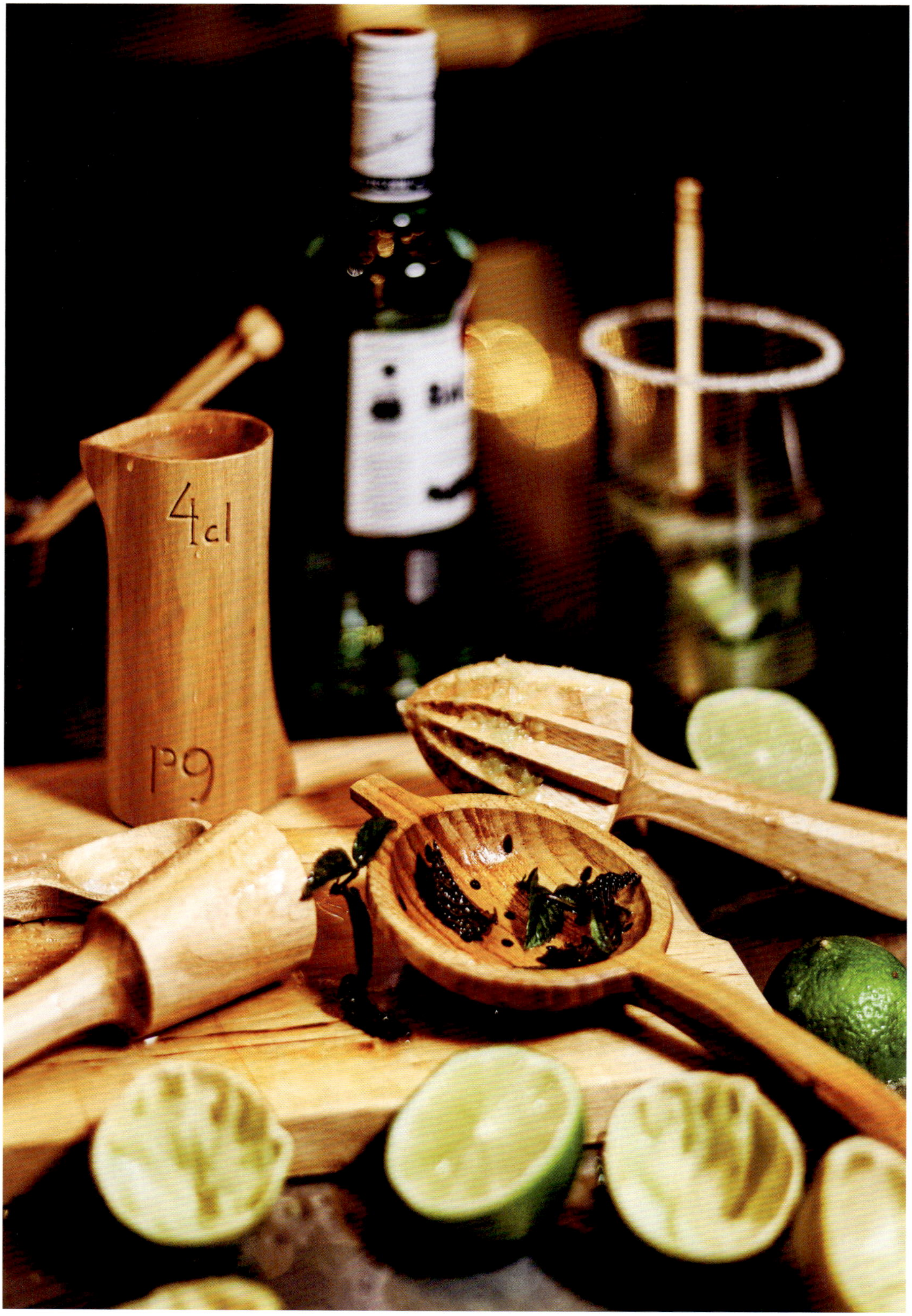
4cl
P9

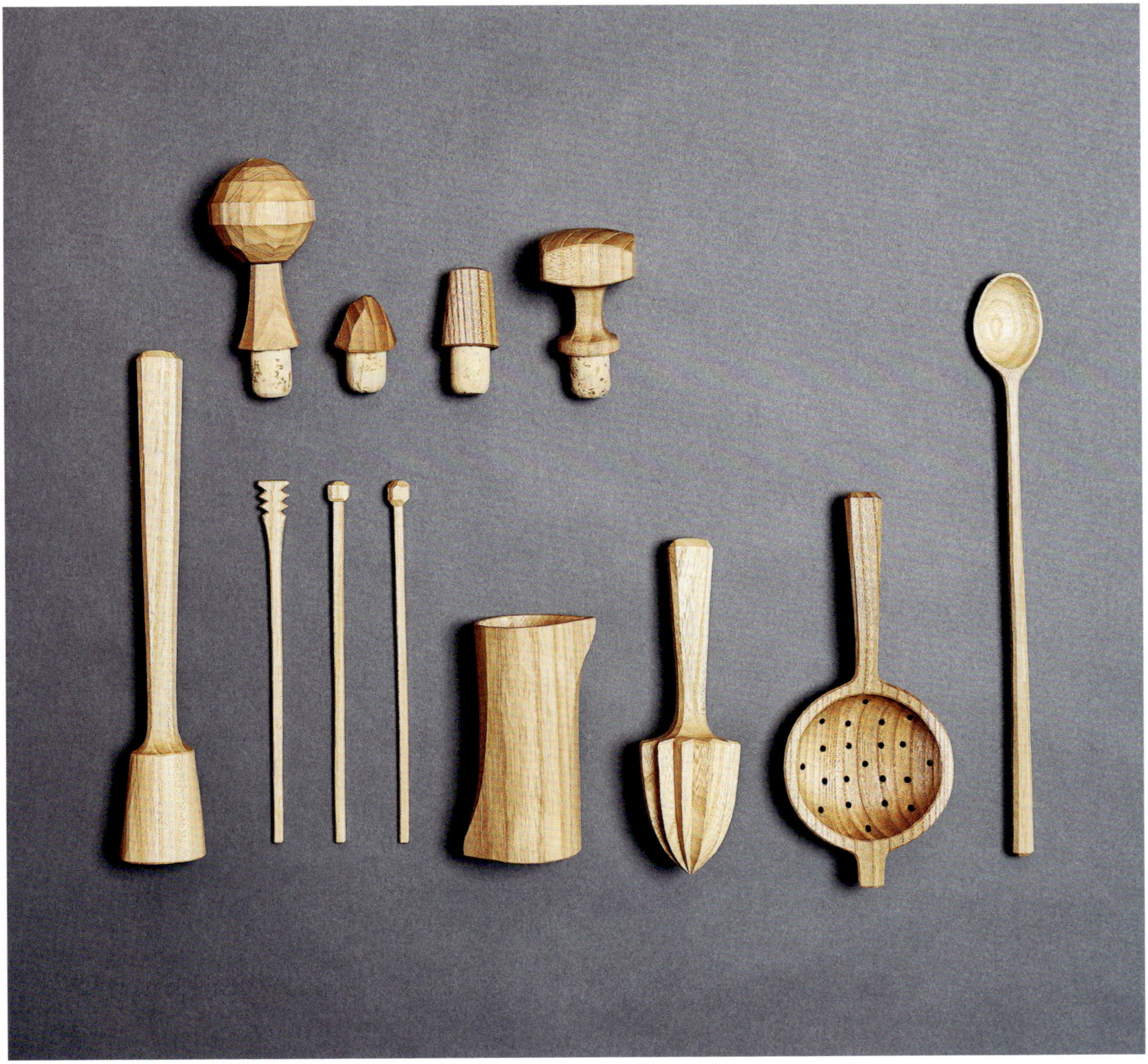

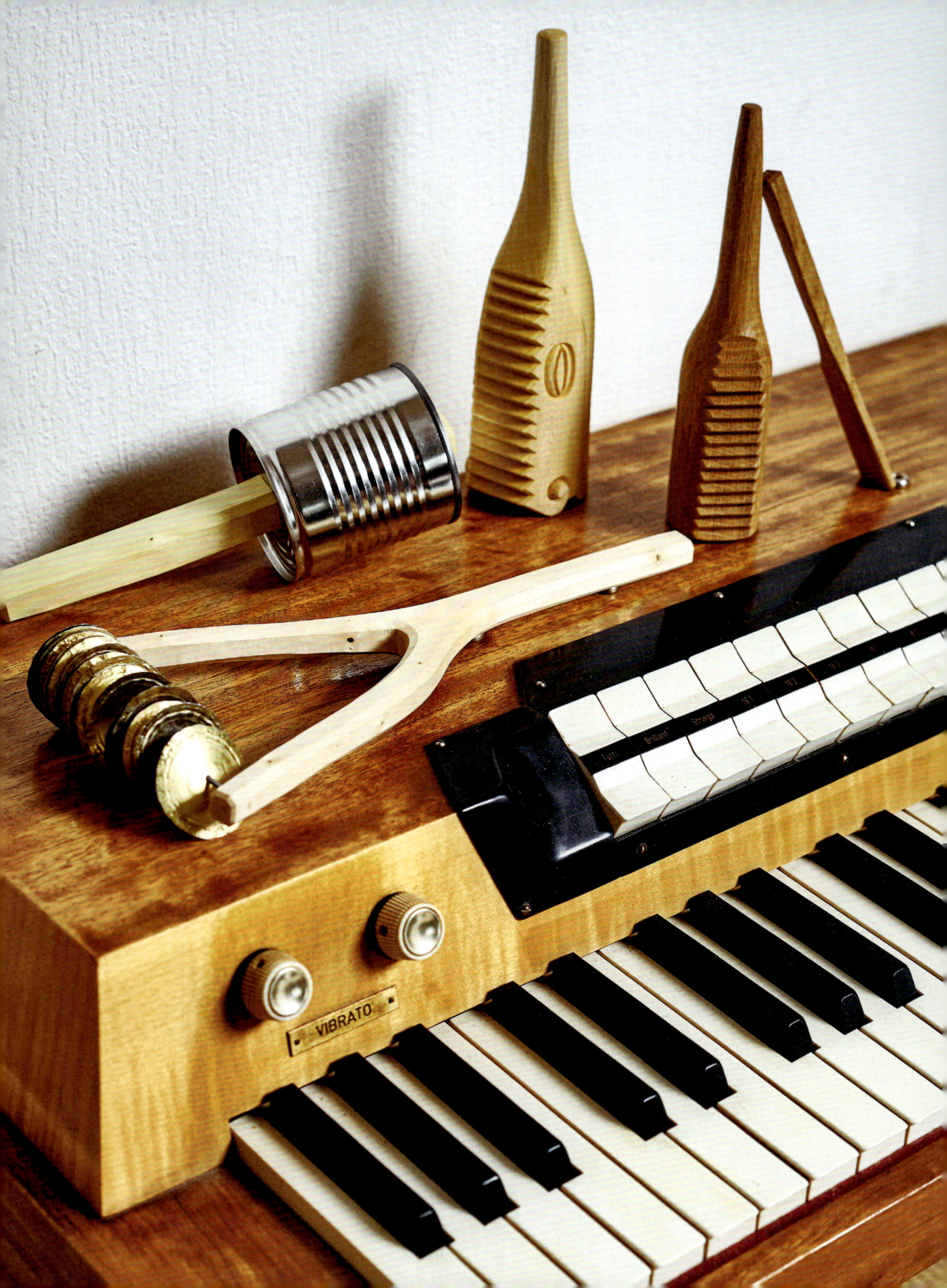
VIBRATO

Rhythmusinstrumente

Diese einfachen, aber wohlklingenden Rasselinstrumente machen Erwachsenen wie Kindern Spaß. Neben Jagdwaffen gehören Musikinstrumente zu den ersten Objekten, die der Mensch hergestellt hat – Archäologen haben zum Beispiel 8.000 Jahre alte Trommeln gefunden, aber das älteste ist eine 35.000-jährige Knochenflöte.

RAHMENRASSEL

Frische Astgabel • Bohrer und Bohrmaschine
Kronkorken • Messer • Säge • dicker Stahldraht
Holzleim • Zange • Hammer

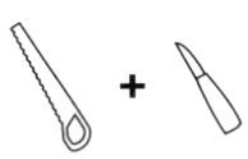

SO GEHT'S

Rahmenrassel > Sie erfordert eine Astgabel. Ein Ast, der etwas dicker ist als der Griff der Rassel werden soll, ist ideal. Ein etwas größerer Ast lässt sich auf die gewünschten Maße zuhauen. Das Wichtigste ist, dass der Ast die passende Form hat. Schneide den Rohling so zu, dass jedes Ende etwa 5 cm länger ist als die fertige Rahmenrassel. Die Form grob mit Beil und Messer herausarbeiten. Wenn der Rohling schon so aussieht, wie du ihn haben willst, reicht es, einfach die Rinde abzuziehen.

Den Rohling ein paar Tage lang trocknen lassen, damit das Holz hart wird und man scharfe Schnitte und eine ansehnliche Oberfläche erhält, wenn man ihm die endgültige Form verleiht.

Höchstwahrscheinlich ist das Holz beim Trocknen an den Enden gerissen. Oft reichen die Risse nicht weit ins Holz hinein und verschwinden, wenn man die überflüssigen Zentimeter absägt.

Eine Astgabel zu schnitzen klingt leichter als es ist. Dort, wo sich die Äste treffen, können die Fasern kreuz und quer liegen und innerhalb kürzester Abstände mehrmals die Richtung wechseln. An solchen Stellen kann es besser sein, in der Breite, statt in der Länge zu schnitzen. In die Breite zu arbeiten ist auch dann ein gutes Mittel, wenn man in seinem Rohling einen Ast oder ein Astloch hat. Sobald du mit deiner Astgabel zufrieden bist, kannst du sie einölen.

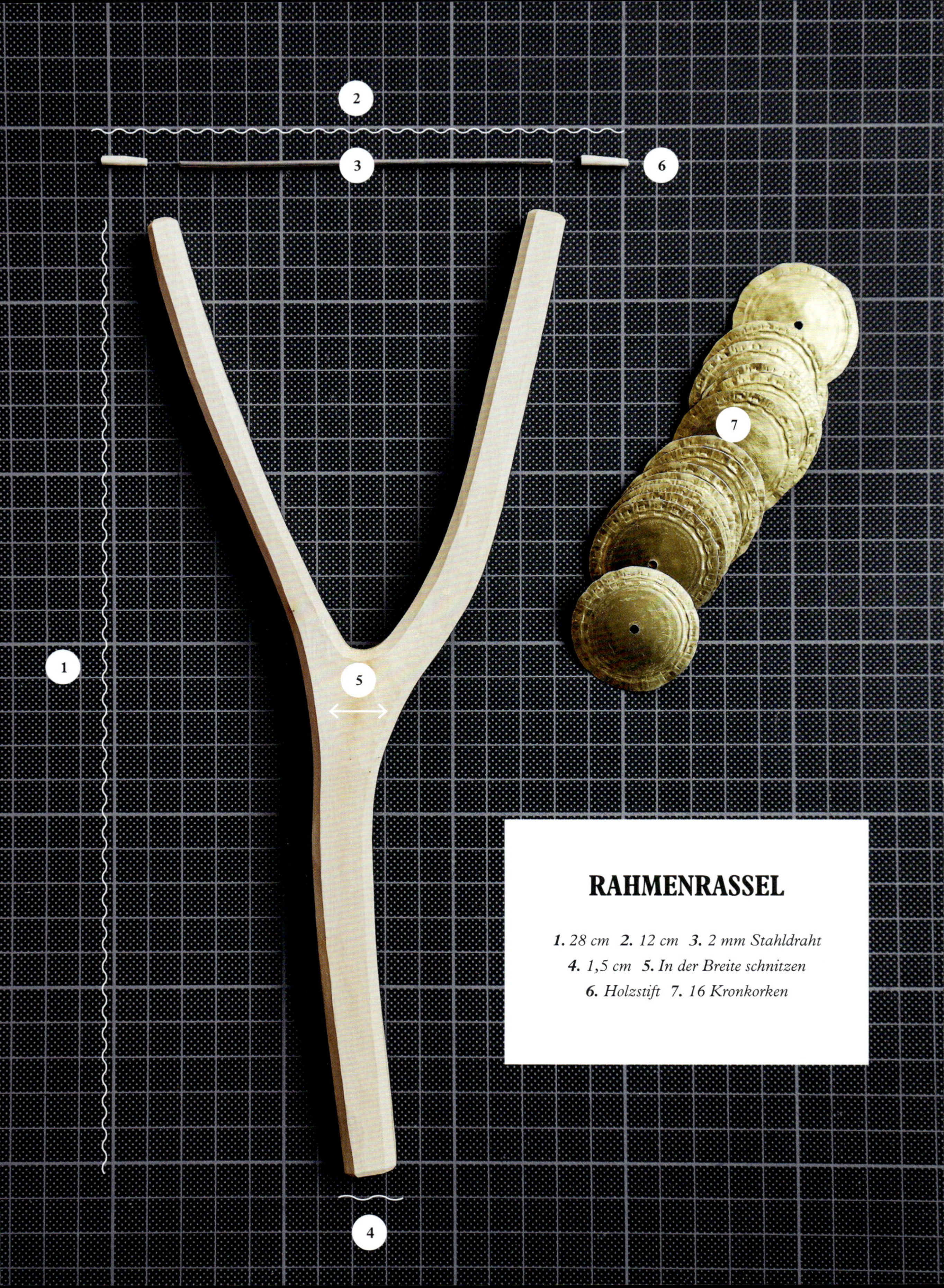

RAHMENRASSEL

1. *28 cm* ***2.*** *12 cm* ***3.*** *2 mm Stahldraht*
4. *1,5 cm* ***5.*** *In der Breite schnitzen*
6. *Holzstift* ***7.*** *16 Kronkorken*

Abgeplattete Kronkorken klingen mehr wie Becken und rasseln eindrucksvoll. Zunächst die Kanten der Flaschendeckel mit einer Zange hochbiegen. Danach werden sie mit einem Hammer flach geschlagen. Ein Hackklotz eignet sich gut als Unterlage, falls kein Amboss in der Nähe ist. Am Schluss ein Loch in die Mitte des Kronkorkens bohren, mit einem Bohrer, der ein wenig dicker ist als der Stahldraht, auf den die Kronkorken aufgezogen werden. Am einfachsten ist es, die Metallscheiben auf einen 2–3 mm dicken Draht, der sich nicht zu leicht verbiegen lässt, aufzufädeln.

Mit einem Bohrer in der Dicke des Stahldrahts Löcher gerade durch die beiden Arme der Astgabel bohren. Ein Stück Draht abschneiden, das von einem Loch zum anderen reicht und auf beiden Seiten je 5–6 mm kürzer ist als die Entfernung zwischen den Armen. Den Stahldraht durch das eine Loch ziehen, die Kronkorken auffädeln, dann den Draht mit einer Zange durch das andere Loch führen. Achte darauf, dass der Draht an beiden Seiten gleich weit in das Holz hineinragt. Jetzt zwei Stifte schnitzen und von außen in den Löchern festkleben, damit der Stahldraht innen festgehalten wird. Sobald der Leim getrocknet ist, kann man den überstehenden Teil der Stifte abschneiden.

MARACAS

Trockenes Holz • Bohrer und Bohrmaschine
Dose aus Metall oder Plastik
Messer • Leim • Beil

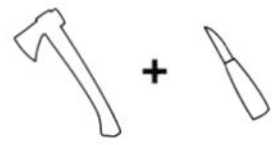

SO GEHT'S

Maracas > Zuerst sucht man eine hübsche Konservendose, deren Inhalt man durch ein ca. 8 mm großes Loch entnehmen kann. Soßen, dünne Suppen und Kokosmilch lassen sich leicht herausgießen, bei Makrelen in Tomatensoße dauert es etwas länger.

Mit einem Stift den Mittelpunkt auf den beiden flachen Seiten der Dose markieren. Es kann etwas schwierig sein, in das Metall zu bohren. Der Bohrer rutscht auf dem harten Material leicht ab und schnell landet das Loch nicht dort, wo es hinsollte. Wenn man in die Markierung mit Hammer und Nagel vorkörnt, findet der Bohrer Halt und das Loch entsteht an der gewünschten Stelle.

In jedes Dosenende mit einem 8 mm Bohrer ein Loch bohren und den Inhalt entfernen.

Es lohnt sich, für den Griff nach einem geraden und astreinen Holzstück zu suchen.

In diesem Fall bietet es keinen wirklichen Vorteil, mit frischem Holz zu arbeiten, ein Holzscheit eignet sich gut, um den gesamten Griff in einem Stück anzufertigen.

Haue einen Rohling für den Griff zu, der etwas breiter und länger als erforderlich ist.

Das Holz mit dem Beil viereckig zuhauen. Ein Stück absägen und aufheben. Daraus wird die obere Abdeckung.

Zunächst die Übergangsstelle und den Teil schnitzen, der in der Dose verschwindet. Markiere die Position der Dose auf dem Rohling und schneide entlang der Linie mit einer feinzahnigen Säge rundherum. Es ist besser, zu flach als zu tief zu sägen.

Vorsichtig von oben nach unten mit dem Beil zum gesägten Schnitt schlagen. Klopfe vorsichtig mit einem Holzhammer oder einem Holzscheit auf den Hals des Beils. Dank dieser Methode gehst du bedachtsamer und stetiger vor und kannst sofort aufhören, wenn der Riss in eine unerwünschte Richtung verläuft.

Wenn du mit dem Beil so viel Holz entfernt hast, wie du es wagst, beginnt die Feinarbeit mit dem Messer, bis sich die Konservendose am Griff befestigen lässt.

Den Griff in Form bringen.

Ein Loch in das Holzstück für die obere Abdeckung bohren. Wie tief es sein muss, hängt von ihrem geplanten Aussehen ab. Empfehlenswert ist jedoch mindestens 1 cm, damit er auch festsitzt.

Die Abdeckung in Form schnitzen.

Wenn Abdeckung und Griff fertig sind, werden sie eingeölt. Denk daran, die Stellen, die geklebt werden sollen, nicht zu ölen.

Fülle die Dose mit einer passenden Menge etwa von Reis, Linsen, Kieselsteinen oder Sand. Die Maracas klingen je nach Füllung unterschiedlich, probiere also aus, welcher Klang dir gefällt.

Den Stab in die Dose schieben und die Abdeckung festkleben. Beim Verkleben empfiehlt es sich, Abdeckung und Griff in eine Zwinge zu spannen, damit die Blechdose zwischen den Teilen eingeklemmt wird.

Falls du Dose und Griff miteinander verkleben möchtest, musst du etwas Stärkeres als Holzleim verwenden. Ein Zweikomponentenkleber verbindet Holz und Metall gut und hält die Dose an Ort und Stelle. Benutze Schutzhandschuhe, denn Epoxidharz ist schädlich auf der Haut.

TIPP!

Willst du es dir etwas leichter machen, dann kannst du den Griff aus drei Teilen zusammensetzen: Handgriff, innere Stange und Abdeckung. Die Stange sollte 5–6 cm in den Griff ragen. Gib etwas Holzleim in das Loch, damit die Teile gut ineinander festsitzen.

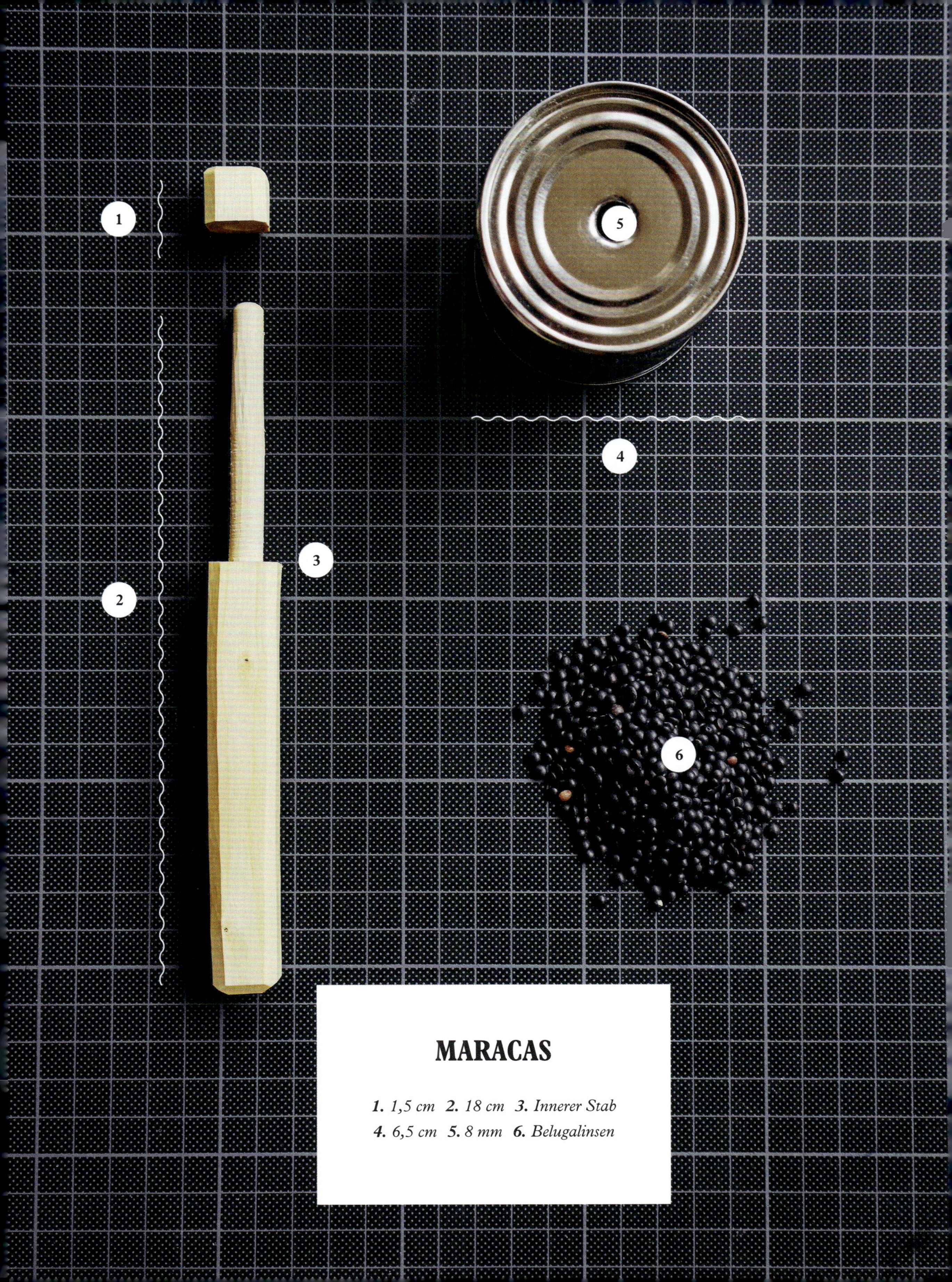

MARACAS

1. *1,5 cm* ***2.*** *18 cm* ***3.*** *Innerer Stab*
4. *6,5 cm* ***5.*** *8 mm* ***6.*** *Belugalinsen*

RATSCHGURKE

Frisches oder trockenes Holz • Bohrer und Bohrmaschine • Säge • Messer • Beil

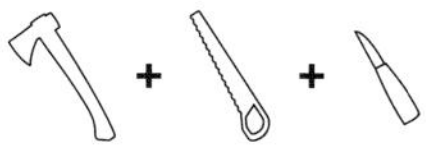

SO GEHT'S

Ratschgurke > Zuerst ein gerades und astreines Holzstück suchen, gern aus einem etwas härteren Holz – kein Kiefernholz.

Mit dem Beil einen Rohling von ungefähr 25 x 5 x 5 cm zuhauen.

Es ist gut, wenn man beim Bohren ins Holz beide Hände benutzen kann, besonders dann, wenn ein großer Bohrer Schwierigkeiten hat, in Grünholz Halt zu finden. Dann hilft es, wenn man den Bohrer ein wenig schieben und ihn hin und her wackeln kann. Die Gefahr ist groß, dass der Bohrer das feuchte Holz quetscht, und du brauchst beide Hände, um dies zu verhindern. Hast du keine Werkbank, um dein Werkstück einzuspannen, findest du mit einer Zwinge und etwas Fantasie einen Weg, um den Rohling längs an einem Möbelstück zu fixieren, damit du beide Hände frei hast. Nötigenfalls nimmst du den Rohling direkt in die Zwinge und stellst dich beim Bohren darauf. Bohre ein 6–9 cm tiefes Loch.

Zeichnen die Gestalt der Ratschgurke auf. Beginne am Loch und denk daran, dass sich die Form zum Stiel hin nicht zu sehr verjüngen sollte; es muss noch etwas Holz übrigbleiben, um leichtes Brechen zu verhindern. Mit dem Beil grob zuhauen. Im Fall von Grünholz vor dem Weitermachen erst trocknen lassen.

Vor dem Herstellen der Ratschfläche zuerst Linien mit ungefähr 3-4 mm Zwischenraum aufzeichnen. Jeder zweite Strich markiert die hoch stehenden Rippen und die übrigen die Täler dazwischen. Säge mit einer feinzahnigen Säge einen ca. 3 mm tiefen Schnitt entlang der untersten Linie. Wenn es dir hilft, kennzeichne die Sägetiefe auf dem Sägeblatt mit einem Stück Klebeband. Schnitze nach und nach von beiden Seiten bis zum unteren Ende des Schnitts, damit ein V entsteht. Arbeite von außen vor bis zum Griff. Säge einen Schnitt nach dem anderen und schnitze ein V nach dem anderen, es macht nichts, wenn ein V etwas breiter ist als ein anderes.

Es wird dich überraschen, wie unterschiedlich der Klang vor und nach dem Anlegen des Schlitzes in der Ratschgurke ist. Der Ton wird weicher und die Resonanz größer. Spanne das Instrument am Griff ein und schneide gerade über die Mitte des Lochs nach unten, bis du einige Millimeter vom Lochgrund entfernt bist. Verwende eine Stichsäge oder eine Japansäge ohne Rücken. Wichtig ist, dass sie fein gezahnt und das Blatt nicht zu dick ist.

Zuletzt schnitzt du den Stab, mit dem du über die Ratschgurke schrappst. Ein schmaler Stab, der in die Kerben der Ratschgurke passt, erzielt den besten Klang.

Figuren und Männchen

Den Schweden gelten ihre geschickten Schnitzer und „Holzmänner" viel. Emil Janel, Axel „Döderhultaren" Petersson, Carl Johan Trygg und seine Söhne sind bekannt und stilbildend in dieser Kunstrichtung und waren zu ihrer Zeit namhafte und geschätzte Künstler. Der Berühmteste von allen ist jedoch ein erfundener Frechdachs Michel aus Lönneberga, der sich vor der Wut seines Vaters in den Tischlerschuppen flüchtet. Dort vertreibt er sich die Zeit, indem er mit Säge, Beil und Messer Männchen schnitzt, ein Zeitvertreib so gut wie jeder andere.

Die schwedische Schnitztradition zeichnet sich dadurch aus, dass die Zahl der verwendeten Werkzeuge klein ist. Es ist ehrenhaft, beim Schnitzen von Figuren nur *ein* Messer zu benutzen und die geschnitzte Oberfläche nicht abzuschleifen. Wenn man in Betracht zieht, wie viele Figuren man auf Flohmärkten, in Secondhand- und Antiquitätenläden überall in Schweden findet, hat früher anscheinend jeder in seiner Stube abends geschnitzt.

Auf Englisch nennt man diesen Stil *Scandinavian flat-plane woodcarving*. Auch in anderen Ländern fertigt man kleine Holzskulpturen an, aber dort arbeitet man meist mit mehreren Schnitzeisen und schleift die Figuren anschließend ab oder man drechselt wie im Erzgebirge.

Einen Fisch zu schnitzen ist eine gute erste Herausforderung. Die Grundform ist relativ einfach und man findet leicht ein passendes Holzstück. Emil Janel und Döderhultaren arbeiteten gern mit Erle, Familie Trygg schnitzt ihre Männchen aus Lindenholz und die Figuren in diesem Buch sind aus Birke. Welches Holz man verwendet, ist Geschmackssache. Oft beginnt man mit einem relativ trockenen Stück. Ein Holzscheit, das länger gelegen hat, eignet sich sehr gut. Wenn du die kleinen Risse am Rand weggesägt hast, ist die Wahrscheinlichkeit groß, dass keine weiteren Trocknungsrisse entstehen.

FISCH

Trockenes oder frisches Holzstück

Messer • Säge • Beil

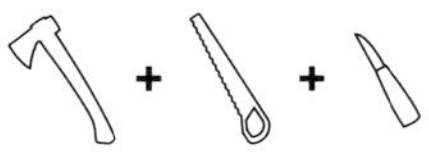

SO GEHT'S

Fisch > 1. Für einen Anfänger ist es sinnvoll, die Umrisse der geplanten Figur auf dem zuvor in der gewünschten Größe zugehauenen und auf zwei Seiten geglätteten Holzklotz zu skizzieren. Für einen Fisch reicht die Skizze auf einer der geglätteten Flächen des Werkstücks aus. Bei einem Männchen ist es ratsam, die Umrisse auf beiden geglätteten Ebenen des Holzstücks vorzuzeichnen.

2. Die Form grob zuschneiden. Mit Säge und Beil erreicht man mehr, als man denkt, und mit einer Stichsäge entfernt man innerhalb weniger Minute mehr Überflüssiges, als man mit dem Messer in Stunden schafft. Traue dich, so viel Holz wie möglich abzutragen, bevor du mit dem Schnitzen beginnst. Viel Holz weg zu schnitzen zerrt am Messer, an den Händen und an der Geduld.

3. Mit dem Messer die Rohform zuschnitzen und die Linien nachzeichnen, die eventuell verschwunden sind.

4. Jetzt die Formen und Höhenunterschiede herausarbeiten und abrunden. Beginne mit dem feineren Schnitzen und den Details jedoch erst, nachdem die Gesamtform stimmt. Manchmal sieht die Form aus einer Blickrichtung gut aus, nicht aber aus der anderen. Wenn man danach mit den Korrekturen etwas wegschneiden muss, woran man lange gearbeitet hat, ist es ärgerlich. Um einen Höhenunterschied herauszuarbeiten, setzt du zunächst einen Schnitt mit der Messerspitze und schnitzt dann darauf zu. Manchmal ist es hilfreich, das Holzstück beim Hineinschneiden zu fixieren. Dann kann man mit der Hand, die das Messer nicht hält, auf den Messerrücken drücken. Oft muss man mehrmals etwas wegschnitzen, bevor man die richtige Tiefe erreicht.

5. Wenn die Proportionen der Figur stimmen und die Höhenunterschiede richtig angelegt sind, beginnt man, alles schön zu schnitzen und die Details herauszuarbeiten. Jetzt hilft ein scharfes Messer mit langer Spitze, damit man in enge Zwischenräume kommt und feine Schnitte schafft. Deine Handhabung passt du jeweils an. Bei kleinen Details braucht man nicht viel Kraft. Dann hält man das Messer vielleicht am besten wie einen Stift, setzt die Finger weit vorn auf die Klinge und schiebt mit der anderen Hand. Manchmal schnitzt man zum Daumen, auch dann mit den Fingern weit vorn an der Klinge. Um den Schnitt gut zu kontrollieren, hält man mit der Hand, die das Holz fixiert, gegen die Oberseite der Klinge.

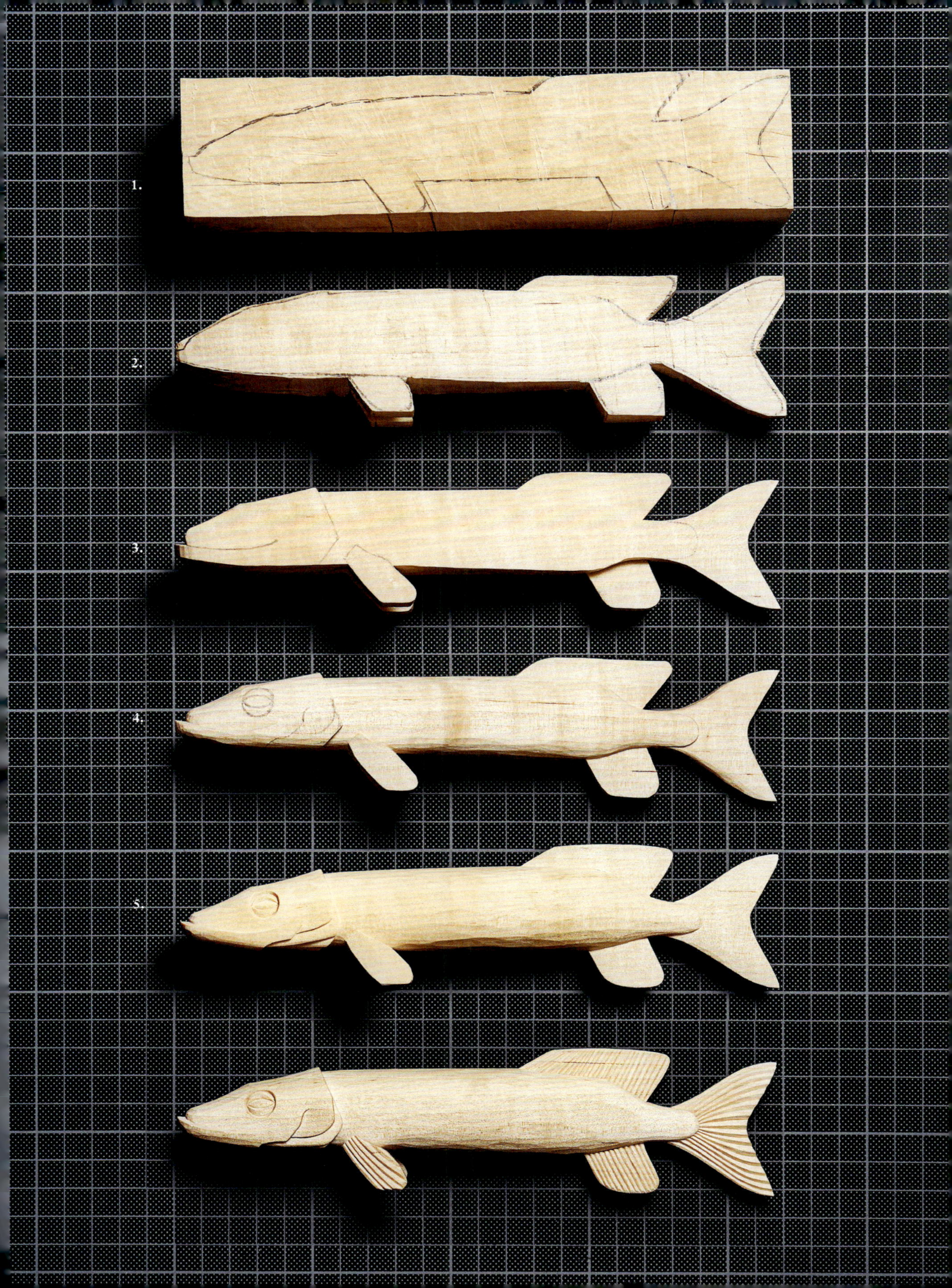
1.
2.
3.
4.
5.

Buchempfehlungen für Dich

Noch mehr Kreativ-Bücher zum gleichen Thema gesucht?

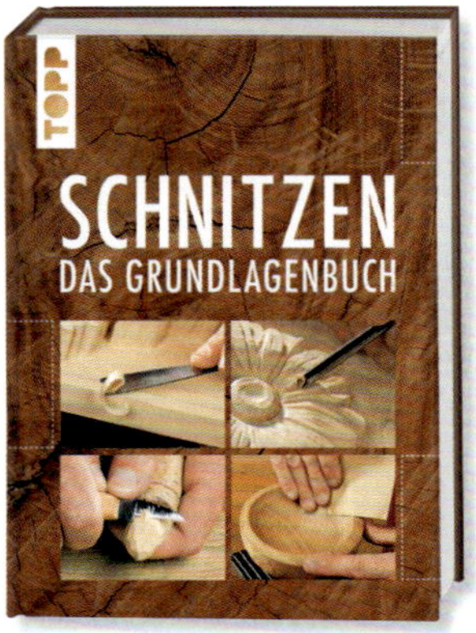

ISBN 978-3-7724-4513-2

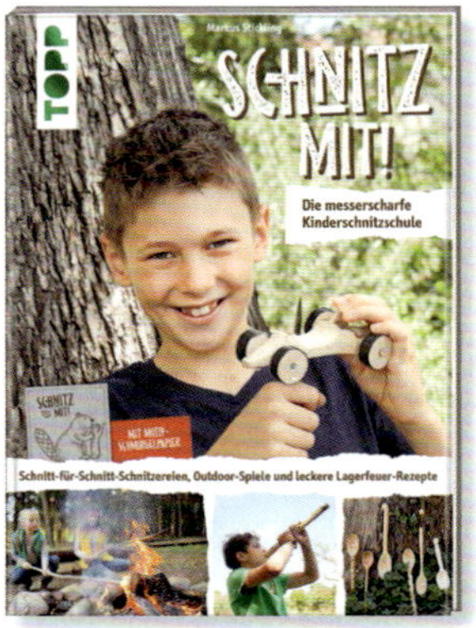

ISBN 978-3-7724-4980-2

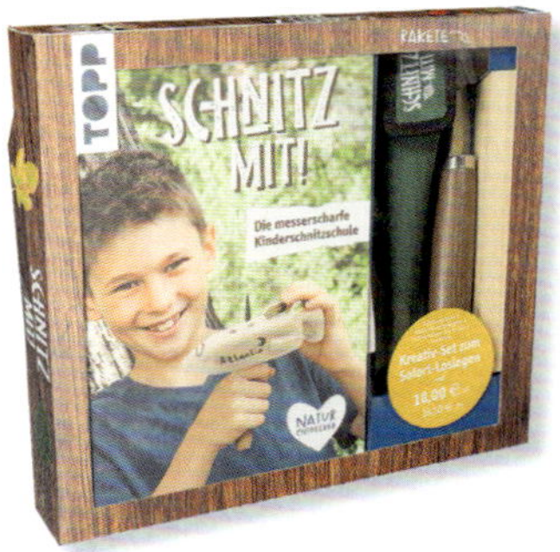

ISBN 978-3-7724-4388-6

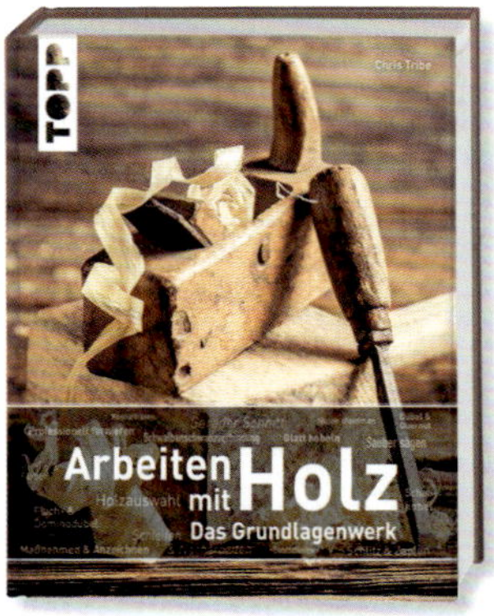

ISBN 978-3-7724-7787-4

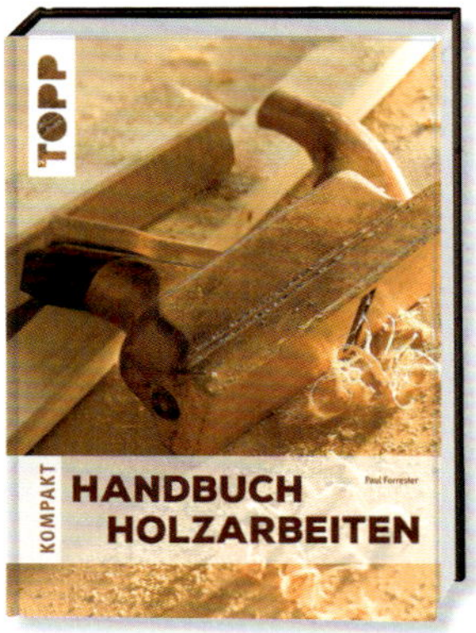

ISBN 978-3-7724-6077-7

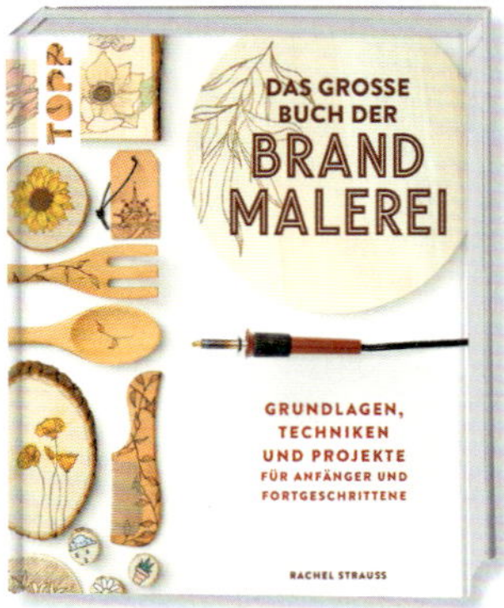

ISBN 978-3-7724-4593-4

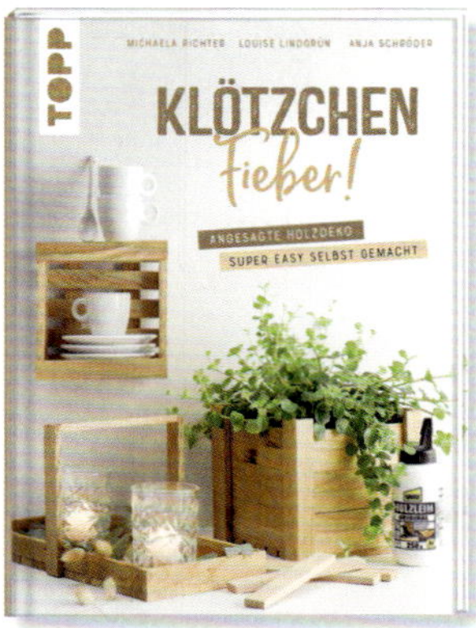

ISBN 978-3-7724-8085-0

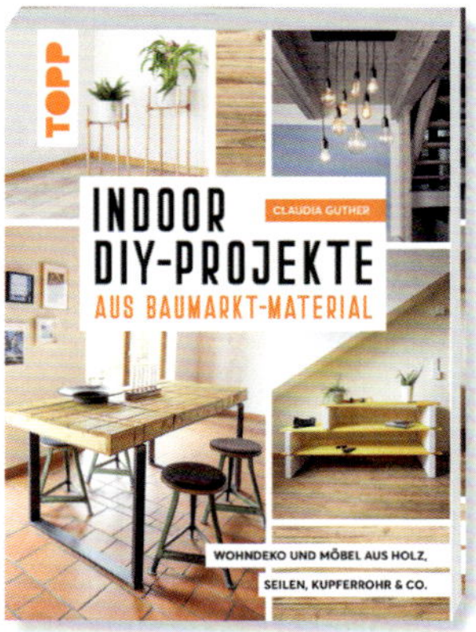

ISBN 978-3-7724-7169-8

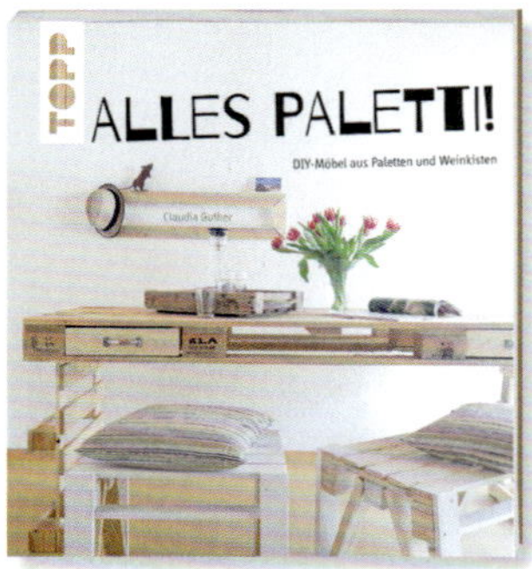

ISBN 978-3-7724-5980-1

Viele weitere Kreativ-Bücher findest du auf www.TOPP-kreativ.de

Entdecke auch unsere ....

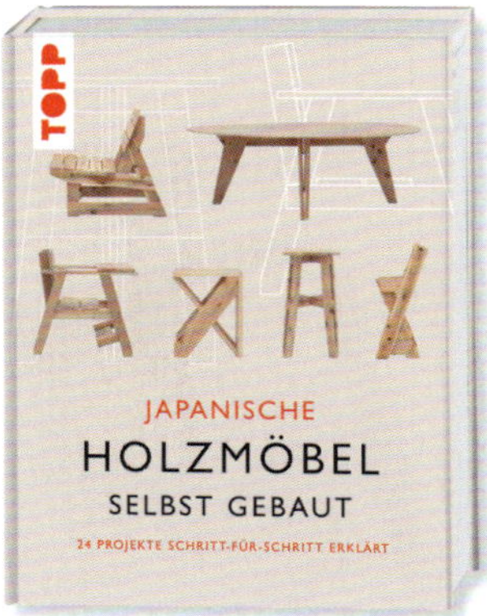

ISBN 978-3-7358-5163-5

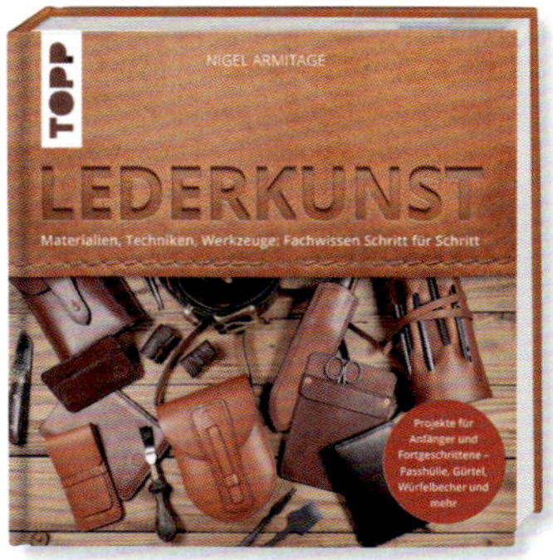

ISBN 978-3-7358-5113-0

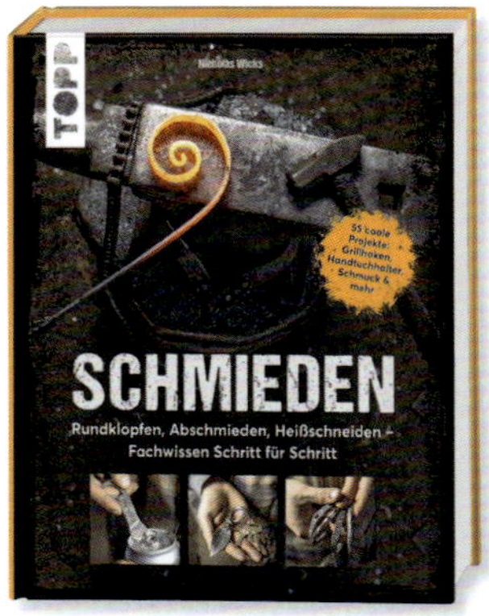

ISBN 978-3-7358-5080-5

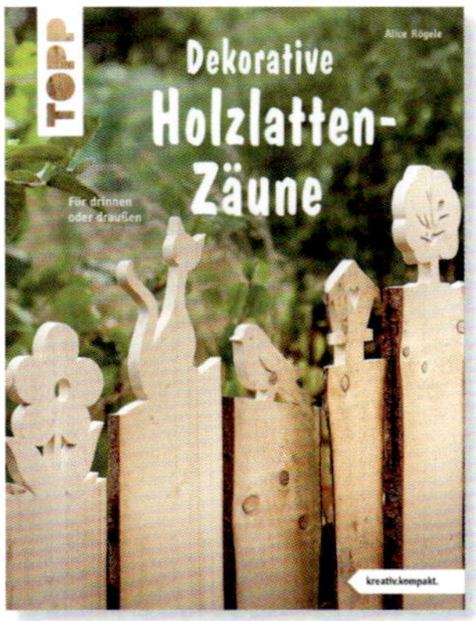

ISBN 978-3-7724-4213-1

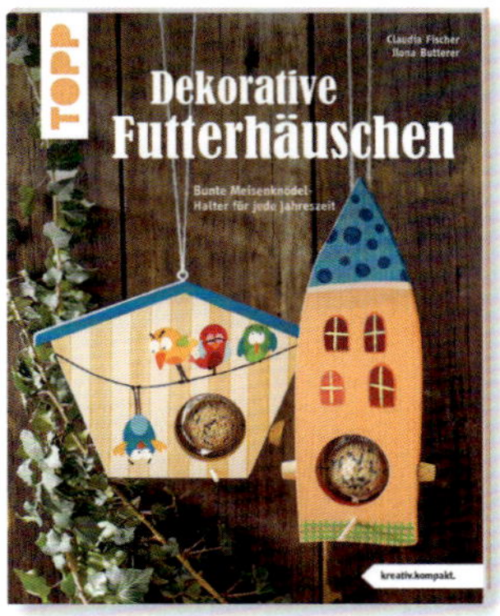

ISBN 978-3-7724-4387-9

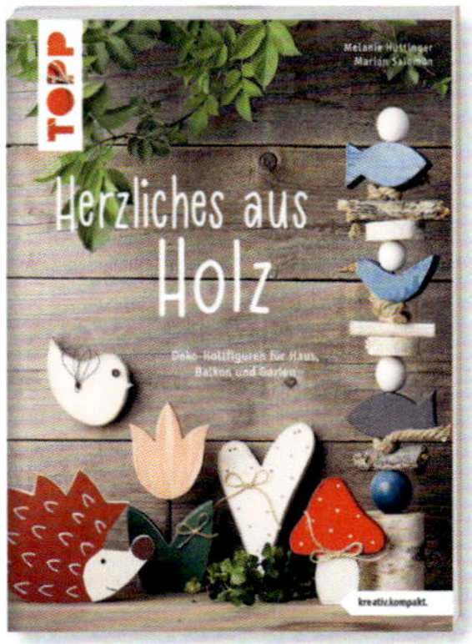

ISBN 978-3-7724-4639-9

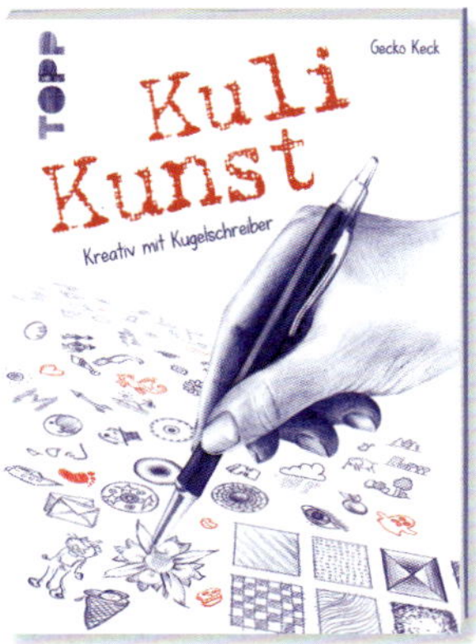

ISBN 978-3-7724-8216-8

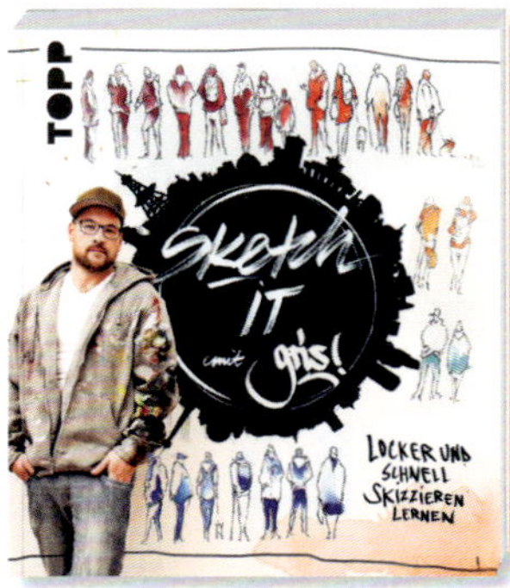

ISBN 978-3-7724-4730-3

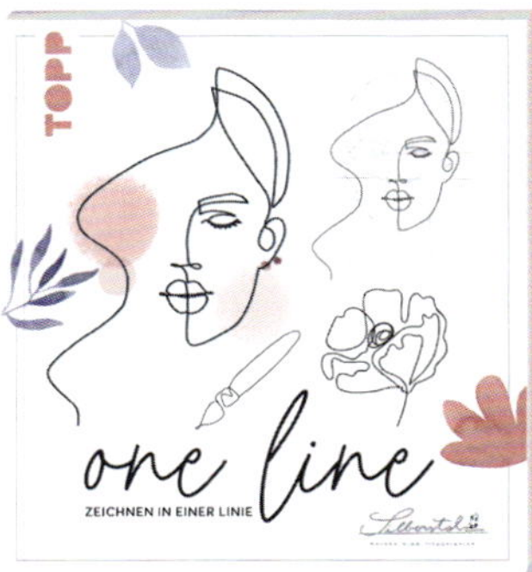

ISBN 978-3-7724-4792-1

Wer wir sind, wie wir arbeiten, was wir lieben ...

Auf Instagram, Facebook und Pinterest findest du mehr über uns und unsere Arbeit und wirst immer schnell und einfach mit den neuesten Infos versorgt.

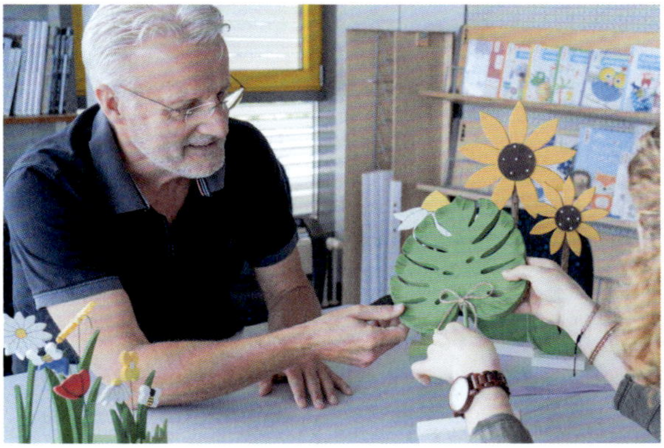

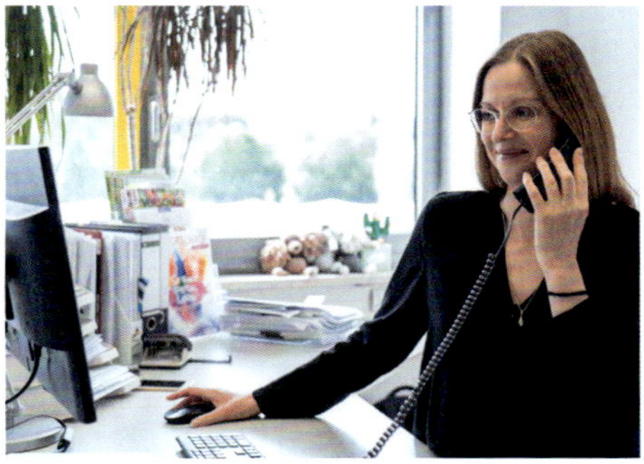

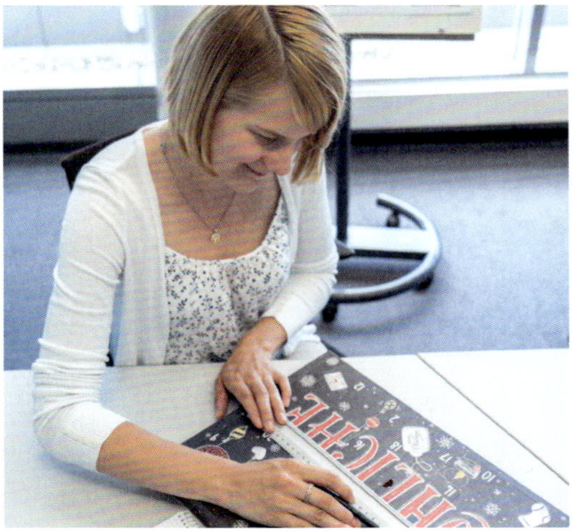

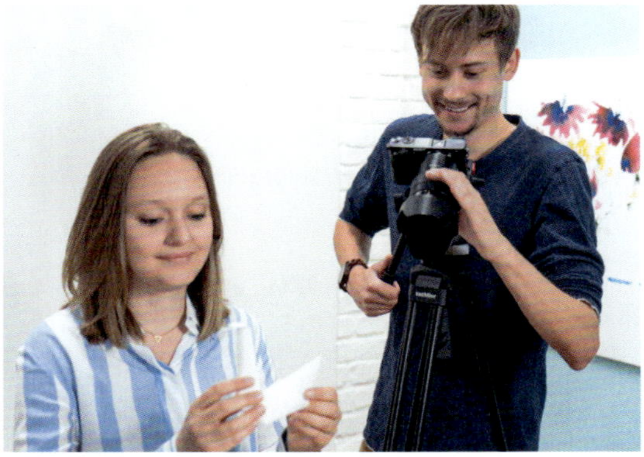

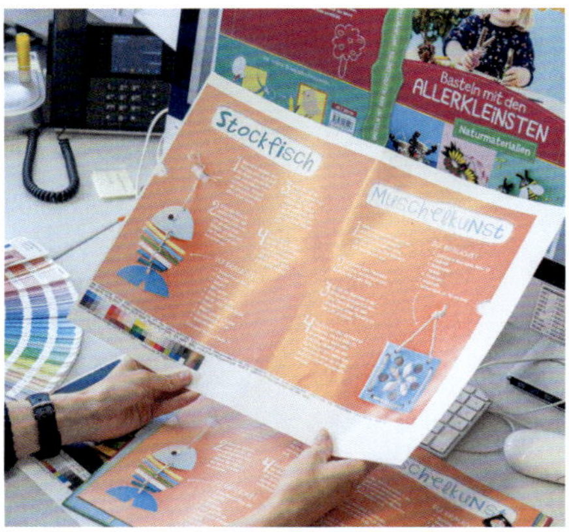

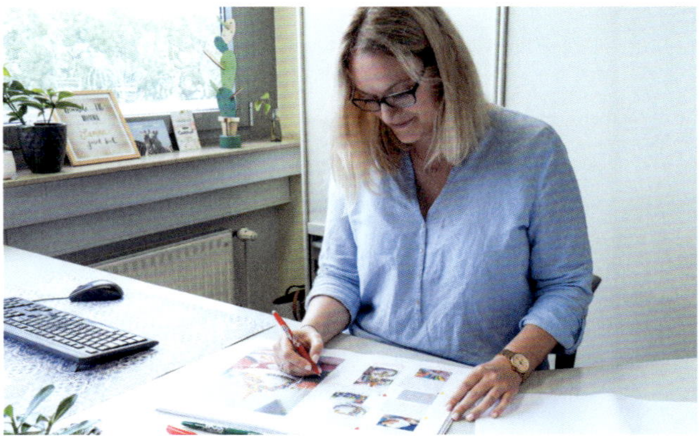

Alle News, alle Infos und alle Links findest du auf www.TOPP-kreativ.de

Danke

Hannes bedankt sich bei: Elsa für Unterstützung, Diskussionen und Hilfe; Lasse und Majken für gute Energie; Nisse Stormlod für die Hilfe bei den Texten über Leinöl; Gunnar Östman Inga für die Unterstützung beim Abschnitt über Kåsa; Magnus Sternudd für all das tolle Holz; Folke Dahlrot für Espe, Birnenholz und Hackklotz.

Henrik bedankt sich bei: Gustav Jörnéus und Michaela Wäss für das Gästehaus; Cousine Petra Francke für Unterkunft und Abendessen; Fabian und Ulrika Mebus, weil wir in eurem schönen Wald wüten durften; Elisabet, Tommy, Gerd und Anthe fürs Babysitting; Lotta, Paul und Henny für die Aufmunterung und ihre Geduld.

Vielen Dank auch an Maria, Russell und Josefin von Natur & Kultur, Miki, der mit einem gebrochenen Fuß gekämpft hat, Jakob Nielsen für das schöne Layout und schließlich Gustav Lindström, weil er uns beide zusammengebracht hat, sodass das Buch werden konnte, was es ist.

Impressum

Titel der Originalausgabe: Tälj!
Erstmals veröffentlicht von Natur & Kultur, Schweden

Für die deutsche Ausgabe:
Übersetzung: FSM Premedia GmbH & Co. KG, Christine Heinzius
Produktmanagement: Eva Schrecklinger, Mariel Marohn
Produktion und Satz: FSM Premedia GmbH & Co. KG
Covergestaltung: Tatjana Weiß
Herstellung: Jessica Siebert
Druck: Neografia, Slowakei

frechverlag GmbH, Dieselstr. 5, 70839 Gerlingen,
einem Unternehmen der Penguin Random House Verlagsgruppe GmbH, München

ISBN 978-3-7358-5140-6 • Best.-Nr. 25140

FSC www.fsc.org MIX Papier | Fördert gute Waldnutzung FSC® C020353

Penguin Random House
Verlagsgruppe FSC® N001967